DIE REISEN DES PAULUS

Übungsbuch

Die Reisen des Paulus - Übungsbuch

Alle Rechte vorbehalten. Durch den Kauf dieses Übungsbuchs darf der Käufer die Übungsblätter nur für den persönlichen Gebrauch und den Unterricht, jedoch nicht für den kommerziellen Weiterverkauf kopieren. Mit Ausnahme der oben genannten Bestimmungen darf dieses Übungsbuch ohne schriftliche Genehmigung des Herausgebers weder ganz noch teilweise in irgendeiner Weise reproduziert werden.

Bible Pathway Adventures® ist eine Marke von BPA Publishing Ltd.

ISBN: 978-1-989961-51-3

Autor: Pip Reid
Kreativdirektor: Curtis Reid
Lektorat: Sonja Röder

Für kostenlose Bibelmaterialien und Lehrerpakete mit Malvorlagen, Arbeitsblättern, Quizfragen und mehr besuchen Sie unsere Website unter:

www.biblepathwayadventures.com

◇◦ Einführung ◦◇

Reise mit Paulus durch Kleinasien und das Land Israel mit unserem Übungsbuch „Die Reisen des Paulus". Vollgepackt mit Bibelquizfragen, Karten, unterhaltsamen Arbeitsblättern und Malvorlagen, um Lehrern wie dir zu helfen, Kindern einen biblischen Glauben zu vermitteln. Eine wunderbare Möglichkeit, ihnen die frühe Kirche und die entscheidende Rolle vorzustellen, die Paulus bei der Verbreitung des wahren Evangeliums spielte. Enthält detaillierte Schriftverweise zum einfachen Nachschlagen von Bibelversen und einen Lösungsschlüssel für Lehrkräfte.

Bible Pathway Adventures hilft Pädagogen, Kindern den biblischen Glauben auf spielerische und kreative Weise zu vermitteln. Wir tun dies mit unseren Übungsbüchern und kostenlosen, druckbaren Rätselseiten - verfügbar auf unserer Website: www.biblepathwayadventures.com

Vielen Dank, dass Sie dieses Übungsbuch erworben haben und unseren Dienst unterstützen. Jedes gekaufte Buch hilft uns, unsere Arbeit fortzusetzen und Familien und Missionen auf der ganzen Welt kostenlose Klassenzimmerpakete und Ressourcen zum Bibelstudium zur Verfügung zu stellen.

Die Suche nach der Wahrheit macht mehr Spaß als die Tradition!

◈ Inhaltsverzeichnis ◈

Einführung 3
Dieses Buch gehört… 6
Die Briefe des Paulus an die Gemeinden in Kleinasien 7

Bibel-Quiz: Weg nach Damaskus 8
Malvorlage: Weg nach Damaskus 9
Bibel-Quiz: Flucht aus Damaskus 10
Malvorlage: Flucht aus Damaskus 11
Bibel-Quiz: Paulus & Barnabas auf Zypern 12
Arbeitsblatt: Die Insel Zypern 13
Bibel-Quiz: Paulus in Antiochia in Pisidien 14
Karte: Die erste Reise des Paulus 15
Bibel-Quiz: Paulus & Barnabas besuchen Lystra 16
Arbeitsblatt: Falsche Götter 17
Bibel-Quiz: Barnabas 18
Bibel-Wortsuchrätsel: Barnabas 19
Bibel-Quiz: Lydia von Thyatira 20
Arbeitsblatt: Der Purpurhandel 21
Bibel-Quiz: Paulus & die Magd 22
Karte: Das Römische Reich 23
Bibel-Quiz: Paulus & Silas im Gefängnis 24
Arbeitsblatt: Erstelle deinen eigenen Reisepass! 25
Bibel-Quiz: Paulus in Thessalonich 26
Arbeitsblatt: Welche Kleidung trug Paulus? 27
Bibel-Quiz: Paulus & die Beröer 28
Malvorlage: Die Beröer 29
Bibel-Quiz: Timotheus 30
Arbeitsblatt: Was ist ein Jünger? 31
Bibel-Quiz: Paulus besucht Athen 32
Arbeitsblatt: Das griechische Alphabet 33
Bibel-Quiz: Priscilla & Aquila 34
Arbeitsblatt: Priscilla & Aquila Steckbrief 35
Bibel-Quiz: Paulus in Korinth 36
Arbeitsblatt: Die römische Armee 37
Bibel-Quiz: Aufruhr in Ephesus 38
Karte: Die dritte Reise des Paulus 39
Bibel-Quiz: Eutychus schläft ein 40
Arbeitsblatt: Pfingsten 41
Bibel-Quiz: Paulus besucht den Tempel 42

Arbeitsblatt: Tempel in Jerusalem	43
Bibel-Quiz: Die Verschwörung gegen Paulus	44
Karte: Eine Verschwörung, um Paulus zu töten	45
Bibel-Quiz: Paulus vor Felix	46
Arbeitsblatt: Wer war Paulus?	47
Bibel-Quiz: Paulus vor König Agrippa	48
Arbeitsblatt Zeitung: Paulus appelliert an Cäsar	49
Bibel-Quiz: Schiffbruch!	50
Arbeitsblatt zum Verständnis: Navigation im alten Rom	51
Bibel-Quiz: Römer	52
Arbeitsblatt: Römer	53
Bibel-Quiz: 1. Korinther	54
Arbeitsblatt: 1. Korinther	55
Bibel-Quiz: 2. Korinther	56
Arbeitsblatt: 2. Korinther	57
Bibel-Quiz: Galater	58
Arbeitsblatt: Galater	59
Bibel-Quiz: Epheser	60
Arbeitsblatt: Epheser	61
Bibel-Quiz: Philipper	62
Arbeitsblatt: Philipper	63
Bibel-Quiz: Kolosser	64
Arbeitsblatt: Kolosser	65
Bibel-Quiz: 1. Thessalonicher	66
Arbeitsblatt: 1. Thessalonicher	67
Bibel-Quiz: 2. Thessalonicher	68
Arbeitsblatt: 2. Thessalonicher	69
Bibel-Quiz: 1. Timotheus	70
Arbeitsblatt: 1. Timotheus	71
Bibel-Quiz: 2. Timotheus	72
Arbeitsblatt: 2. Timotheus	73
Bibel-Quiz: Titus	74
Arbeitsblatt: Titus	75
Bibel-Quiz: Philemon	76
Arbeitsblatt: Philemon	77

Extra Karten:

Karte: Die zweite Reise des Paulus	79
Karte: Die Reise des Paulus nach Rom	80
Meine Bibelnotizen	81
Lösungen	82
Entdecken Sie weitere Übungsbücher!	88

Dieses Buch gehört...

Zeichne etwas

Die Briefe des Paulus an die Gemeinden in Kleinasien

Brief	An	Datum	Wo geschrieben
Galater	Gemeinde in Galatien	um 49 n. Chr.	Antiochia (Syrien)
1. Thessalonicher	Gemeinde in Thessalonich	um 51 n. Chr.	Korinth
2. Thessalonicher	Gemeinde in Thessalonich	um 51 n. Chr.	Korinth
1. Korinther	Gemeinde in Korinth	um 56 n. Chr.	Ephesus
2. Korinther	Gemeinde in Korinth	um 56 n. Chr.	Mazedonien
Römer	Gemeinde in Rom	um 57 n. Chr.	Korinth
Epheser	Gemeinde in Ephesus	um 60-61 n. Chr.	Rom
Kolosser	Gemeinde in Kolossä	um 60-61 n. Chr.	Rom
Philemon	Philemon	um 60-61 n. Chr.	Rom
Philipper	Gemeinde in Philippi	um 62 n. Chr.	Rom
1. Timotheus	Timotheus	um 62-63 n. Chr.	Mazedonien
Titus	Titus	um 63 n. Chr.	Korinth
2. Timotheus	Timotheus	um 67 n. Chr.	Rom

Weg nach DAMASKUS

Lies Apostelgeschichte 9,1-25. Beantworte die folgenden Fragen.

1. Wie hieß die Heimatstadt von Saulus?
2. Wer hat die Steinigung des Stephanus gebilligt?
3. Warum reiste Saulus nach Damaskus?
4. Wer gab Saulus Briefe an die Synagogen in Damaskus?
5. Was hat Saulus auf dem Weg nach Damaskus gesehen?
6. Wer sprach zu Saulus auf dem Weg nach Damaskus?
7. Wie viele Tage lang war Saulus geblendet?
8. Wer war der Jünger, den Gott benutzte, um Saulus das Augenlicht zurückzugeben?
9. Was hat Saulus in den Synagogen gelehrt, während er in Damaskus verweilte?
10. Wie entkam Saulus aus der Stadt Damaskus?

Weg nach Damaskus

Saulus und seine Freunde gingen nach Damaskus, um weitere Anhänger des Messias zu verhaften. Was geschah mit Saulus auf dem Weg dorthin? Zeichne eine Szene aus dieser Geschichte, um das Bild zu vervollständigen.

Flucht aus DAMASKUS

**Lies Apostelgeschichte 9,1-26 und Galater 1,11-24.
Beantworte die folgenden Fragen.**

1. Warum ging Saulus nach Damaskus?

2. Was tat Saulus, während er in Damaskus war?

3. Warum waren die Menschen erstaunt, als sie Saulus sprechen hörten?

4. Mit wem hat Saulus in Damaskus Zeit verbracht?

5. Warum planten einige Menschen, Saulus zu töten?

6. Welche Tore haben die Juden bewacht, um Saulus zu finden?

7. Wusste Saulus von ihrem Plan, ihn zu töten?

8. Wie ist Saulus aus Damaskus geflohen?

9. Zu welcher Zeit floh Saulus aus der Stadt Damaskus?

10. Wie lautete der römische Name von Saulus?

„Die Jünger nahmen ihn nachts und ließen ihn in einem Korb über die Mauer hinab."

(Apostelgeschichte 9:25)

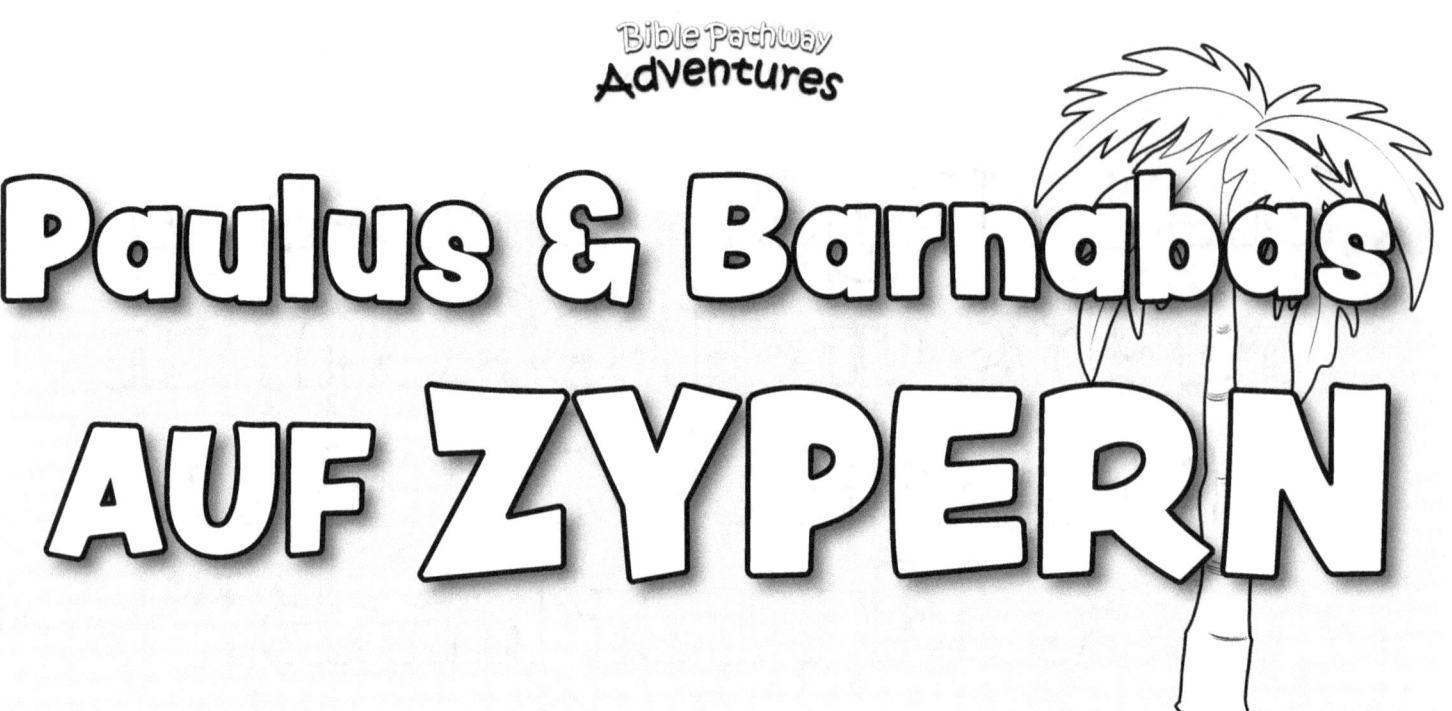

Paulus & Barnabas AUF ZYPERN

Lies Apostelgeschichte 13,1-12. Beantworte die folgenden Fragen.

1. Von wem wurden Paulus und Barnabas nach Zypern geschickt?
2. Von welchem Hafen aus segelten sie nach Zypern?
3. Was waren die einzigen biblischen Schriften, die zur Zeit des Paulus zur Verfügung standen?
4. Wo auf Zypern lehrten Paulus und Barnabas Gottes Wort?
5. Wen hatten sie zur Unterstützung?
6. Wer war der falsche Prophet / Magier, den sie in Paphos trafen?
7. Wer war der Statthalter?
8. Warum hat der Statthalter Paulus und Barnabas vorgeladen?
9. Was tat Paulus, als der falsche Prophet versuchte, sich ihnen entgegenzustellen?
10. Was geschah mit dem falschen Propheten?

Die Insel Zypern

Lies den Text und beantworte die Fragen. Zeichne auf der Karte von Zypern die Reise von Paulus und Barnabas von Salamis nach Perga nach.

Zypern ist eine Insel im Mittelmeer. Aufgrund ihrer strategischen Lage im Nahen Osten war die Insel Teil vieler antiker Zivilisationen, darunter das alte Ägypten, Persien, das antike Griechenland und das Römische Reich. Zur Zeit des Besuchs von Paulus und Barnabas wurde Zypern von Sergius Paulus, dem römischen Statthalter, regiert. Die beiden Männer kamen in Salamis (Zyperns Haupthandelszentrum) an und bereisten die ganze Insel, bevor sie nach Perge segelten.

Viele Jahrhunderte später übernahm Großbritannien die Insel. Sie wurde 1925 eine offizielle britische Kolonie. Im Jahr 1960 erlangte Zypern seine Unabhängigkeit von Großbritannien. Doch die verschiedenen Gruppen vertrugen sich nicht. Seit den 1970er Jahren ist Zypern in zwei Seiten geteilt. Eine Seite der Insel wird von der Regierung und die andere von den türkischen Zyprioten kontrolliert. Die Staatsflagge zeigt die Form der Insel, darunter zwei Olivenzweige (ein Symbol für den Frieden zwischen den beiden Gemeinschaften der Insel) auf weißem Untergrund (ein weiteres Symbol für den Frieden). Heute leben über eine Million Menschen auf Zypern.

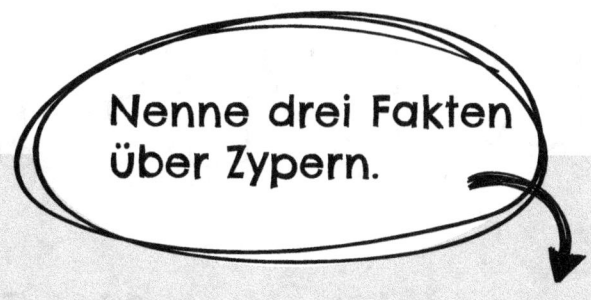

Nenne drei Fakten über Zypern.

1. ....
2. ....
3. ....

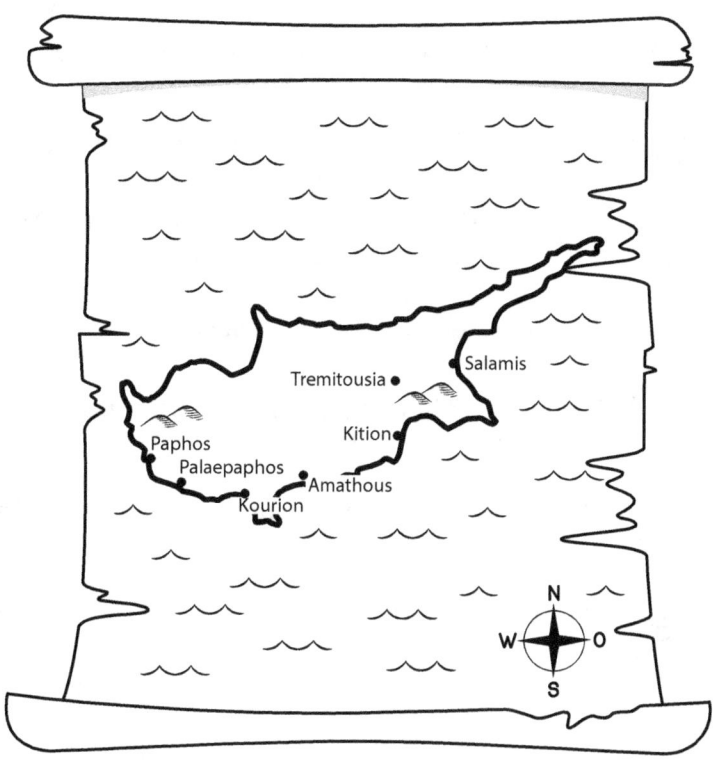

www.biblepathwayadventures.com
Die Reisen des Paulus - Übungsbuch

© BPA Publishing Ltd 2021

Paulus in Antiochia in Pisidien

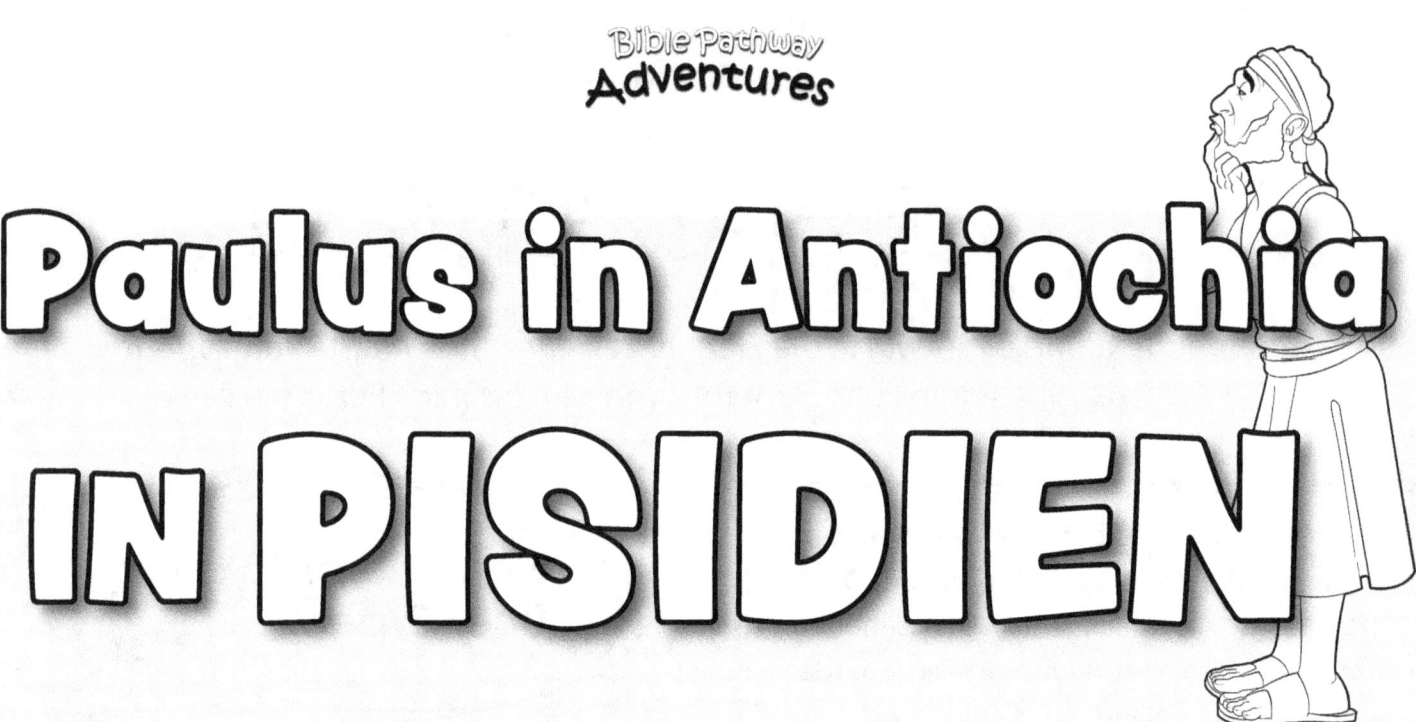

Lies Apostelgeschichte 13,13-52. Beantworte die folgenden Fragen.

1. Wer verließ Paulus auf dem Weg nach Antiochia und kehrte nach Jerusalem zurück?

2. An welchem Tag gingen Paulus und Barnabas in die Synagoge?

3. Aus welchem Buch lasen die Obersten der Synagoge dem Volk vor?

4. Wie sprach Paulus die Menschen in Apostelgeschichte 13,16 an?

5. Wen, sagte Paulus, hatte Gott von den Toten auferweckt?

6. Wie reagierten die Menschen darauf, als ihnen gesagt wurde, dass Jeschua der Messias (Jesus) ist?

7. Warum waren die Juden eifersüchtig?

8. Zu welchen Menschen, sagte Paulus, würde er seine Botschaft bringen?

9. Wie reagierten die Juden auf die Botschaft des Paulus?

10. In welche Stadt reisten Paulus und Barnabas als nächstes?

Die erste Reise des Paulus

Lies Apostelgeschichte 13-14. Finde in der Liste unten die Orte, die der Apostel Paulus besucht hat. Zeichne seine Reise auf der Karte nach.

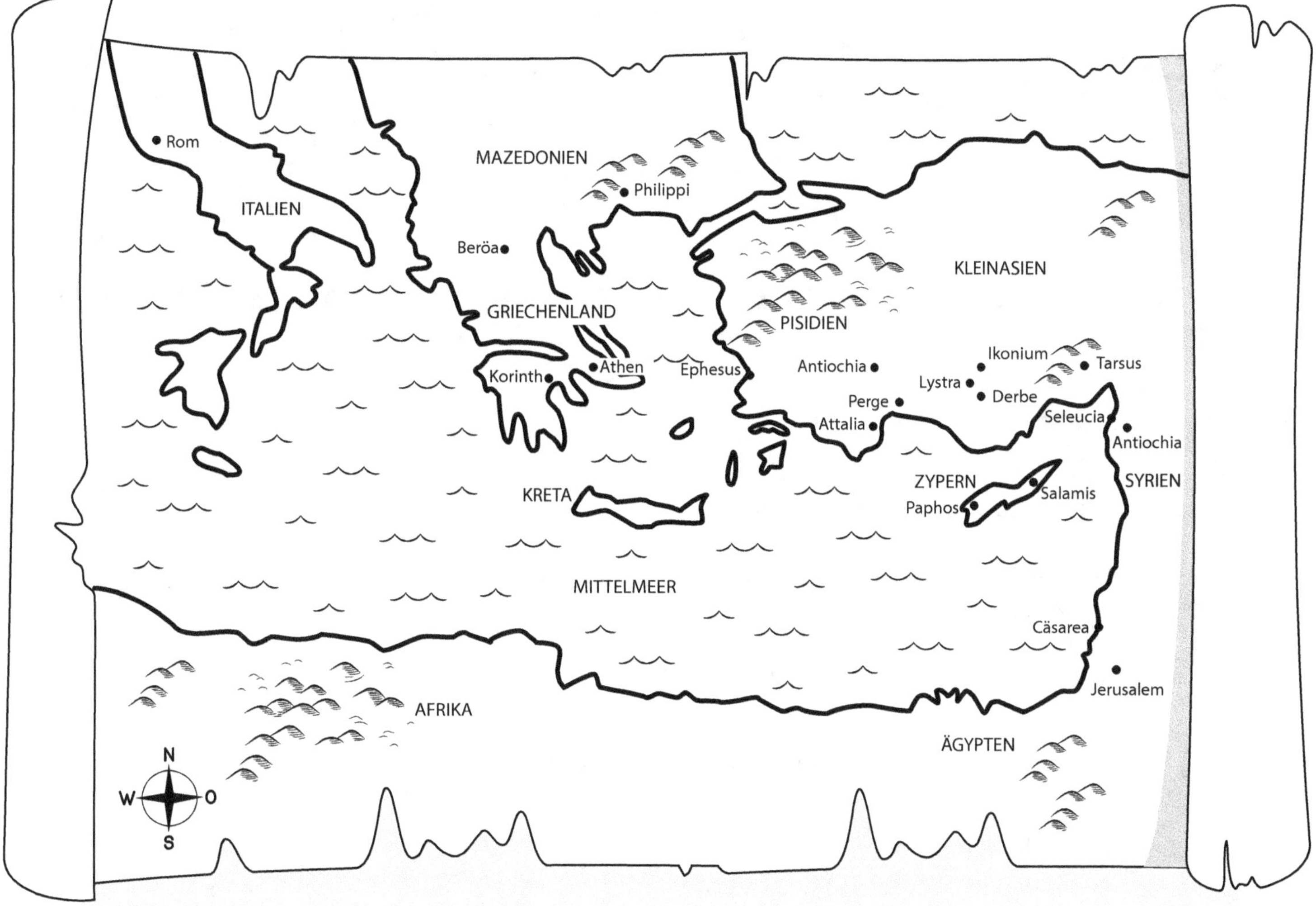

1. Antiochia
2. Seleucia
3. Salamis
4. Paphos
5. Perge
6. Antiochia in Pisidien
7. Ikonium
8. Lystra
9. Derbe
10. Perge
11. Attalia

Paulus & Barnabas besuchen Lystra

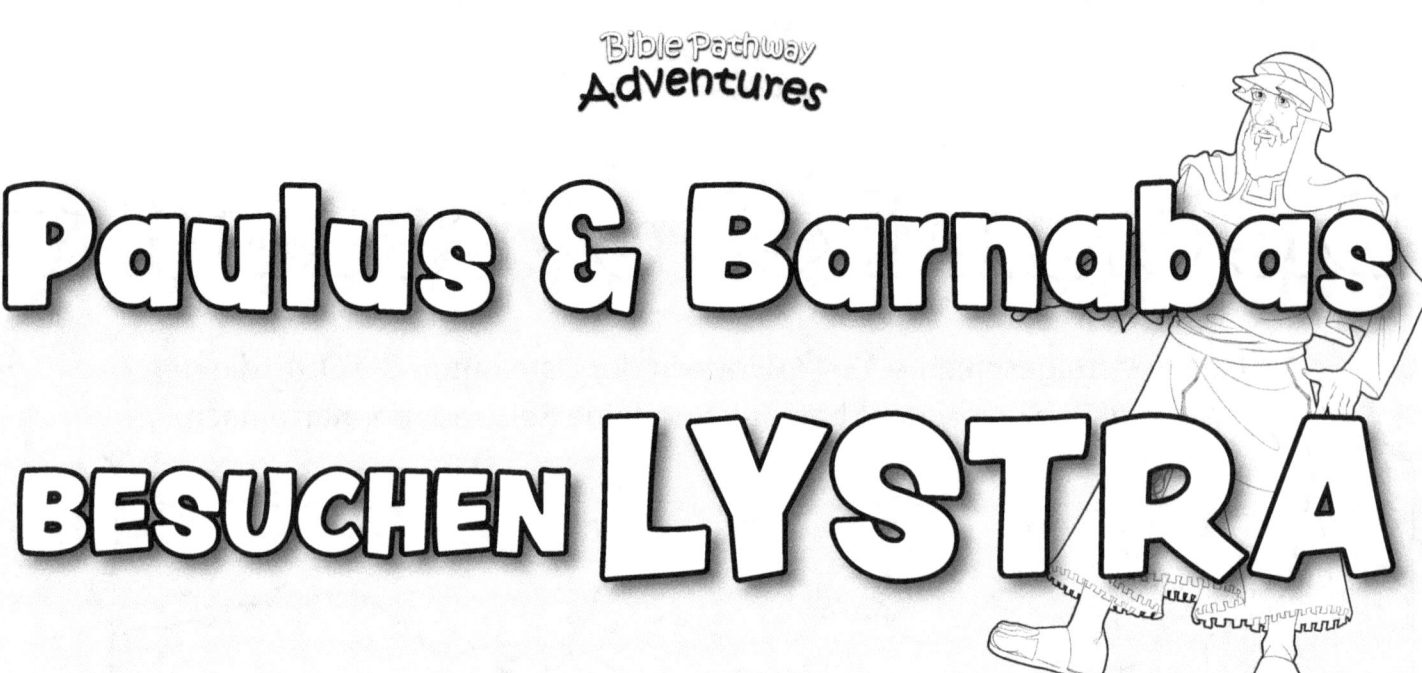

Lies Apostelgeschichte 14,8-23. Beantworte die folgenden Fragen

1. Wie lange war der Mann schon gelähmt?
2. Was sagte Paulus zu dem gelähmten Mann?
3. Was geschah mit dem gelähmten Mann, nachdem Paulus zu ihm gesprochen hatte?
4. Wie lautete der Name des falschen Gottes, den sie Paulus gaben?
5. Wie lautete der Name des falschen Gottes, den sie Barnabas gaben?
6. Wo befand sich der Tempel des Zeus?
7. Wie reagierten Paulus und Barnabas darauf, als Götter verehrt zu werden?
8. Wer überzeugte die Menschenmenge, Paulus zu steinigen?
9. Was geschah, als sich die Jünger um Paulus versammelten, nachdem er von der Menge gesteinigt worden war?
10. In welche Stadt reisten Paulus und Barnabas als nächstes?

Falsche Götter

Als Paulus und Barnabas Lystra besuchten, wurden sie Zeus und Hermes genannt, die Namen von zwei falschen griechischen Göttern. Lest Apostelgeschichte 14:1-23. Wie reagierten Paulus und Barnabas? Schreibt ihr Gespräch mit den Leuten in die Sprechblasen unten.

Lies Apostelgeschichte 4,36-37, 13,1-52, 15,1-41 und Kolosser 4,10. Beantworte die folgenden Fragen.

1. Was hat Barnabas in Apostelgeschichte 4 verkauft?

2. Was bedeutet der Name Barnabas?

3. Von welcher Insel kam Barnabas?

4. Barnabas war aus welchem Stamm Israels?

5. Für wen hielten die Leute in Lystra Paulus und Barnabas?

6. Warum waren Paulus und Barnabas in Apostelgeschichte 15 nicht einer Meinung?

7. Wie war die Beziehung zwischen Markus und Barnabas?

8. Welche Gemeinde ermutigte Barnabas in Apostelgeschichte 15?

9. Wohin gingen Paulus und Barnabas in Pisidien?

10. Mit wem war Barnabas in Apostelgeschichte 15,1-2 nicht einer Meinung?

BARNABAS

Lies Apostelgeschichte 4,36-37, 13,1-52, 15,1-41 und Kolosser 4,10. Finde die Wörter aus der Liste und kreise sie ein.

```
T A P G M W K Y J Z M K F J T
C R S A N F E D E W D A N G S
M P L Z U L Y U R F P D A L T
G S F E H L B W U O G I L U R
T E O T V G U R S Y J S F Y E
Z I L A S I X S A U M K V X I
Y G B D J O T N L W V U N A T
P H C A O B T E E O T S F C J
E M R I Q G U R M R K S N D P
R P H Ö N I Z I E N L I A B E
N Q P C U P M T B N Y O C X L
A I H A M B U Q C G F N K K H
I A P O S T E L F C T H E A D
P T E S T R O S T O D Y R Q E
G E S E G E L T C Y G D T H V
```

GELD

STREIT

GESEGELT

APOSTEL

PAULUS

ACKER

DISKUSSION

TROST

JERUSALEM

LEVITE

PHÖNIZIEN

ZYPERN

Lydia von THYATIRA

Lies Apostelgeschichte 16,1-40. Beantworte die folgenden Fragen.

1. In welcher Stadt lebte Lydia?
2. Was war Lydias Arbeit?
3. In welcher Stadt traf Lydia den Apostel Paulus?
4. Wer waren die Reisegefährten des Paulus?
5. An welchem Wochentag traf Lydia Paulus?
6. Was geschah, nachdem Lydia Paulus über Jeschua (Jesus) sprechen hörte?
7. Warum wurde Paulus ins Gefängnis geworfen?
8. Wen besuchte Paulus, nachdem er aus dem Gefängnis kam?
9. Welche Art von Kolonie war Philippi?
10. In welchem Buch der Bibel finden wir die Geschichte von Lydia?

Der Purpurhandel

Thyatira war der Name einer antiken griechischen Stadt in Kleinasien und ist heute die moderne türkische Stadt Akhisar. Zur Zeit des Paulus war sie berühmt für ihre Färbereien und war ein Zentrum des Handels mit Purpurtüchern. Archäologen haben unter den antiken Ruinen der Stadt Inschriften gefunden, die sich auf die Zunft der Färber beziehen.

Paulus traf Lydia in Philippi mit anderen Frauen am Flussufer. Lydia war ursprünglich aus Thyatira, einer geschäftigen Stadt mit Kaufmannsgilden. Es ist wahrscheinlich, dass Lydia dort ihr Handwerk gelernt hat. Obwohl purpurner Farbstoff aus der Krapp-Pflanze gewonnen werden kann, wurde der einzige farbechte violette Farbstoff zu dieser Zeit von der Murex-Schnecke produziert. Die Herstellung von Purpurfarbstoff war teuer und dauerte sehr lange. Eine Schneckendrüse sonderte einen Tropfen Flüssigkeit ab, so dass man normalerweise etwa 10.000 Tiere brauchte, um eine kleine Menge Farbstoff herzustellen. Kein Wunder, dass purpurner Farbstoff so teuer war! Daher wurde Purpurfarbstoff nur von Königen und wohlhabenden Menschen gekauft, die damit einen Streifen auf den Rand ihrer Gewänder machen konnten. Lydias Kunden hatten wahrscheinlich zu den reichsten Menschen der Stadt gehört.

Warum war die Stadt Thyatira so bekannt?

....
....
....
....

Warum glaubst du, dass purpurner Farbstoff teuer in der Herstellung war?

....
....
....
....
....
....
....
....

Paulus und die MAGD

Lies Apostelgeschichte 16,11-24. Beantworte die folgenden Fragen.

1. An welchem Wochentag haben Paulus und Silas die Magd getroffen?

2. Wie hat die Magd Geld für ihre Herren verdient?

3. Welchen Geist hatte die Magd?

4. Was sagte Paulus zu diesem Geist?

5. Warum waren die Herren der Magd wütend auf Paulus, als er das tat?

6. Wohin haben die Herren der Magd Paulus und Silas geschleppt?

7. Vor wen traten Paulus und Silas?

8. Was wurde Paulus und Silas vorgeworfen?

9. In welcher Stadt wurden Paulus und Silas ins Gefängnis geworfen?

10. Welche Art von Kolonie war diese Stadt?

Das Römische Reich

Zur Zeit des Apostels Paulus war das Römische Reich die größte Macht der Welt. Forsche nach und zeichne die Grenzen des Römischen Reiches im 1. - 2. Jahrhundert n. Chr nach. Beantworte die folgenden Fragen.

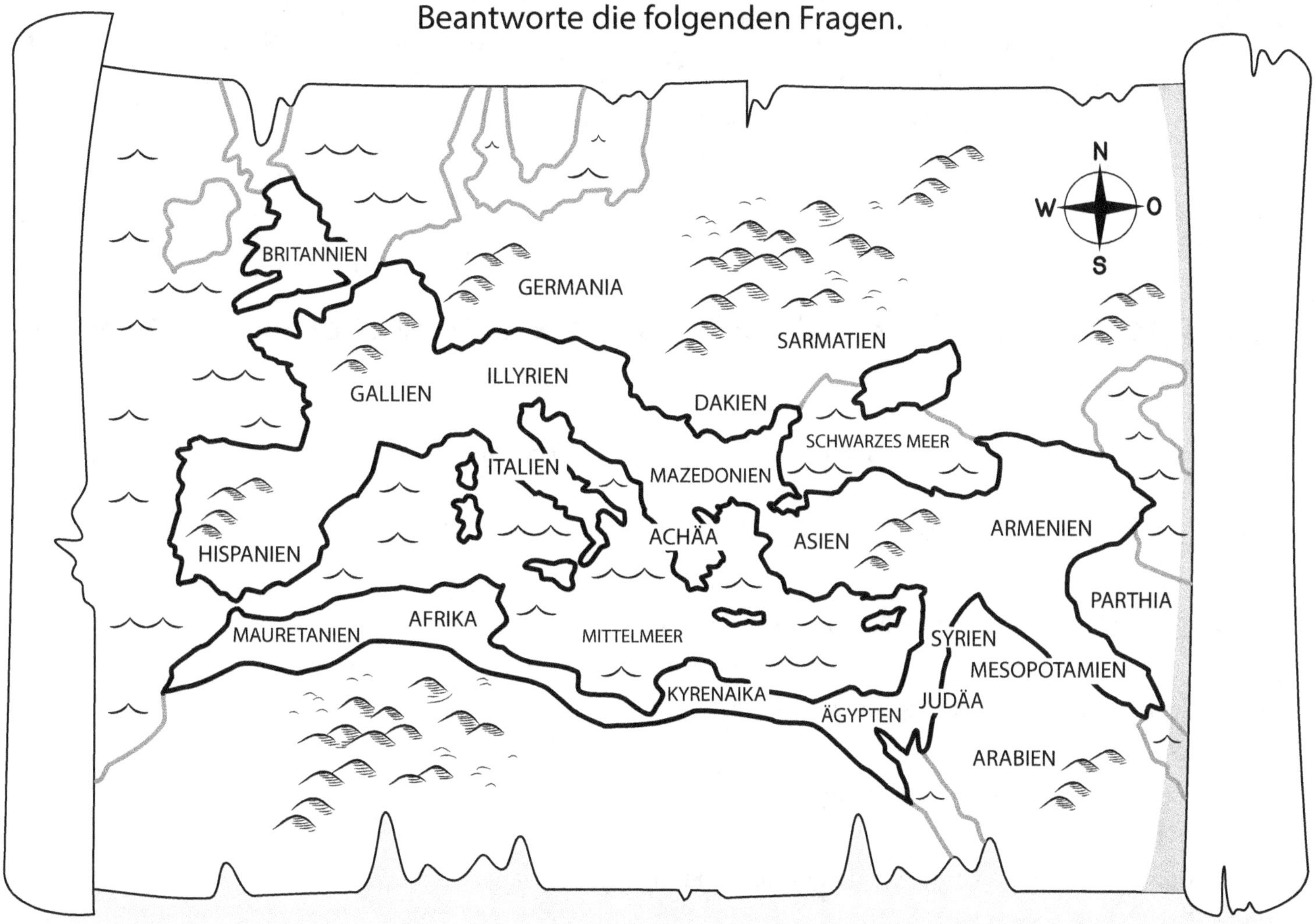

Welche drei Kontinente wurden im 1. bis 2. Jahrhundert n. Chr. vom Römischen Reich beherrscht?

....

Liste anhand einer modernen Karte mindestens zehn Länder auf, die einst zum Römischen Reich gehörten.

....

....

....

Paulus & Silas IM GEFÄNGNIS

Lies Apostelgeschichte 16,16-40. Beantworte die folgenden Fragen.

1. In welcher Stadt wurden Paulus und Silas ins Gefängnis geworfen?
2. Womit wurden ihre Füße festgemacht?
3. Was taten Paulus und Silas, während sie im Gefängnis saßen?
4. Welches Ereignis öffnete die Gefängnistüren?
5. Warum wollte sich der Kerkermeister umbringen?
6. Warum nahm der Kerkermeister Paulus und Silas mit in sein Haus?
7. Warum freuten sich der Kerkermeister und die Menschen in seinem Haus?
8. Warum hatten die Richter Angst vor Paulus?
9. Was taten die Richter als nächstes?
10. Wen haben Paulus und Silas besucht, bevor sie die Stadt verließen?

Erstelle deinen eigenen Reisepass!

Paulus war ein römischer Bürger (Apostelgeschichte 16,37). Deshalb kam er aus dem Gefängnis frei und durfte seine Reise durch Kleinasien fortsetzen. Wohin bist du schon gereist? Fülle die Seiten des Reisepasses aus.

Name: ....

Adresse: ....

Geburtsdatum: ....

Geburtsort: ....

Ich bin gereist nach:

....

....

....

Paulus in THESSALONICH

Lies Apostelgeschichte 17,1-9. Beantworte die folgenden Fragen.

1. Durch welche beiden Orte reisten Paulus und Silas, um Thessalonich zu erreichen?
2. Welche Art von Synagoge gab es in Thessalonich?
3. Wie lautet der hebräische Name von Jesus?
4. An wie vielen Sabbattagen lehrte Paulus die Menschen über den Messias?
5. Mit welchen Schriften hat Paulus die Menschen wohl belehrt?
6. Wie reagierten die neidischen Menschen auf die Lehre des Paulus?
7. Wer wurde vor die Obersten der Stadt gezerrt?
8. Was wurde Jason, Paulus und ihren Freunden vorgeworfen?
9. Was taten die Stadtobersten, um Paulus, Jason und ihre Freunde aufzuhalten?
10. Thessalonich liegt in welchem Land der heutigen Welt?

Welche Kleidung trug Paulus?

Zur Zeit des Neuen Testaments trugen israelitische Männer wie Paulus und Silas andere Kleidung als die, welche die Männer heutzutage tragen. Die meisten Männer trugen eine innere Tunika, ein äußeres Gewand oder einen Umhang, Zizit und Sandalen. Die Tuniken waren aus Wolle, Leinen oder Baumwolle und wurden an der Taille durch einen Gürtel aus Leder oder Stoff zusammengehalten. Äußere Gewänder wurden aus Wollstoff hergestellt. Blaue und weiße Zizit aus Leinen oder Wollfäden wurden getragen, um die Männer daran zu erinnern, Gottes Gebote zu befolgen (4. Mose 15,37-41). Sandalen wurden aus Leder und getrocknetem Gras hergestellt und hatten Schnüre oder Seile aus billigeren Materialien. Finde mit Hilfe des Internets oder eines Lexikons heraus, was israelitische Männer in neutestamentlicher Zeit trugen.

Schreibe zwei Fakten über jedes Kleidungsstück in die Kästchen.

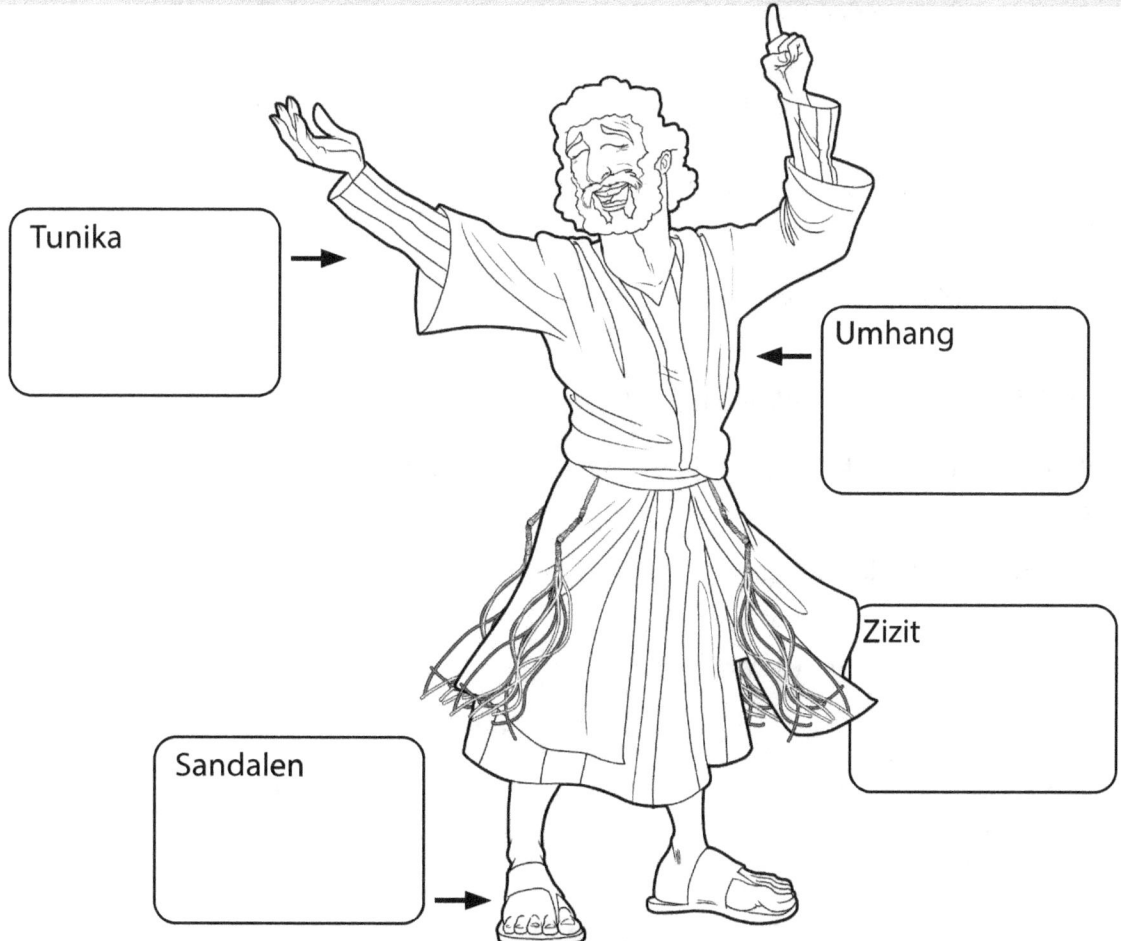

Paulus und die BERÖER

Lies Apostelgeschichte 17,10-16. Beantworte die folgenden Fragen.

1. Wen nahm Paulus mit nach Beröa?
2. In welchem heutigen Land liegt Beröa?
3. Was hat Paulus getan, als er in Beröa ankam?
4. Was war der Unterschied zwischen den Beröern und den Thessalonichern?
5. Welche Schrift studierten die Beröer jeden Tag?
6. Warum studierten die Beröer sorgfältig die Heilige Schrift?
7. Als die thessalonischen Juden hörten, dass Paulus in Beröa war, was taten sie?
8. Wohin schickten die Brüder Paulus?
9. Wer blieb in Beröa, als Paulus aus der Stadt ging?
10. In welche Stadt reiste Paulus als nächstes?

„Diese aber nahmen das Wort mit aller Bereitwilligkeit auf, und sie forschten täglich in der Schrift, ob es sich so verhalte."

(Apostelgeschichte 17,11)

Lies Apostelgeschichte 16,1-18,28, 1. Timotheus 5,1-25, 2. Timotheus 1,1-18 und 1. Thessalonicher 1,1-10. Beantworte die folgenden Fragen.

① Welche Nationalität hatte der Vater von Timotheus?

② In welcher Stadt haben sich Paulus und Timotheus zum ersten Mal getroffen?

③ In welcher Beziehung stand Lois zu Timotheus?

④ Wer sendet außer Paulus und Timotheus in 1. Thessalonicher 1 seine Grüße?

⑤ Nachdem sie in Beröa geblieben waren, wo trafen Silas und Timotheus Paulus als nächstes?

⑥ Welchen Jünger lobte Paulus dafür, dass er denselben Glauben wie seine Mutter hatte?

⑦ Wer beschrieb Timotheus als einen, der die heiligen Schriften von Kindheit an kannte?

⑧ Wer war die Mutter von Timotheus?

⑨ In welchem Kapitel der Apostelgeschichte schloss sich Timotheus den Reisen des Paulus an?

⑩ Warum hat Paulus Timotheus beschneiden lassen?

Was ist ein Jünger?

Timotheus wurde zum Jünger des Paulus. Er begleitete Paulus oft auf seinen Reisen durch Kleinasien. Hier lernst du, was es bedeutet, ein Jünger zu sein.

Vor der Zeit von Paulus war die Jüngerschaft in der hebräischen Kultur bereits eine gängige Sache. Um ein Jünger zu werden, musste man zuerst den Beth Midrasch abschließen. Dies war der Ort, an dem Jungen im Alter von 13-15 Jahren den gesamten Tanach (Altes Testament) studierten, während sie das Familienhandwerk erlernten. Jungen, die den Beth Midrasch abgeschlossen hatten, wurden dann von einem Lehrer (Rabbi) eingeladen, sein Schüler zu werden. Diese Schüler wurden als Talmidim bezeichnet und lernten alles von ihrem Lehrer. Sie aßen das gleiche Essen wie ihr Lehrer, sie lernten, den Sabbat so zu halten, wie ihr Lehrer den Sabbat hielt, und sie studierten die Thora genau so wie ihr Lehrer. Ein Schüler hatte vier Aufgaben: die Worte seines Lehrers auswendig zu lernen, die Traditionen und Auslegungen seines Lehrers zu lernen, seinen Lehrer nachzuahmen, und nachdem er vollständig ausgebildet war, würde er selbst ein Lehrer werden und seine eigenen Schüler unterrichten.

„Jeder Jünger, der vollendet ist, wird so sein wie sein Meister." (Lukas 6,40)

Ich ahme den Messias täglich nach, indem ich…

....
....
....
....
....
....

Paulus besucht ATHEN

Lies Apostelgeschichte 17,16-34. Beantworte die folgenden Fragen.

1. Worüber ärgerte sich Paulus in Athen?
2. Wo ging Paulus jeden Tag hin, um den Menschen vom Messias zu erzählen?
3. Wer hat mit Paulus gestritten, als er über den Messias sprach?
4. Wohin haben die Philosophen Paulus gebracht?
5. Was, sagte Paulus den Menschen, hatte Gott geschaffen?
6. Was stand auf dem Altar in Apostelgeschichte 17,23 geschrieben?
7. Wer gibt den Menschen Leben?
8. Wen, sagte Paulus, hatte Gott auserwählt, um über die Menschen zu richten?
9. Was taten einige Menschen, als sie von der Auferstehung hörten?
10. Welches Ratsmitglied des Areopags wurde gläubig?

Das griechische Alphabet

Auf seinen Reisen durch Kleinasien verbrachte Paulus auch Zeit in griechischen Städten wie Athen. Die Griechen benutzten ein Alphabet mit 24 Buchstaben - größtenteils abgeleitet von dem der hebräischen Phönizier, aber mit einigen eigenen Buchstaben. Übe das Schreiben des griechischen Alphabets in Kleinbuchstaben in folgender Tabelle.

Alpha	Beta	Gamma	Delta	Epsilon	Zeta	Eta	Theta	Iota	Kappa	Lambda	Mu
α	β	γ	δ	ε	ζ	η	θ	ι	κ	λ	μ

Nu	Xi	Omicron	Pi	Rho	Sigma	Tau	Upsilon	Phi	Chi	Psi	Omega
ν	ξ	ο	π	ρ	ς	τ	υ	φ	χ	ψ	ω

α β γ η ς

www.biblepathwayadventures.com
Die Reisen des Paulus - Übungsbuch

Priscilla & AQUILA

Lies Apostelgeschichte 18,1-4, Römer 16,1-3. Korinther 16,1-19 und 2. Timotheus. Beantworte die folgenden Fragen.

1. Was war der Beruf von Priscilla und Aquila?

2. Warum haben sie Italien verlassen und sind nach Korinth gegangen?

3. In welcher Stadt hat Paulus Priscilla und Aquila zurückgelassen?

4. Welchen Mann haben sie in Ephesus zum Jünger gemacht?

5. In welcher Stadt hielt sich Paulus mit Priscilla und Aquila auf?

6. An welchem Ort lehrte Apollos die Schriften?

7. Was waren die einzigen Schriften, die zur Zeit des Paulus zur Verfügung standen?

8. Was geschah nach 1. Korinther 16,19 regelmäßig im Haus von Priscilla und Aquila?

9. Was haben Priscilla und Aquila in Römer 16,3 für Paulus getan?

10. Wen hielten Priscilla und Aquila für den Messias?

Priscilla & Aquila STECKBRIEF

Aquila

Ehefrau: ....

Nationalität: ....

Beruf: ....

Geburtsort: ....

Besuchte Orte: ....

Aktuelle Adresse: ....

....

Priscilla

Ehemann: ....

Nationalität: ....

Beruf: ....

Geburtsort: ....

Besuchte Orte: ....

Aktuelle Adresse: ....

....

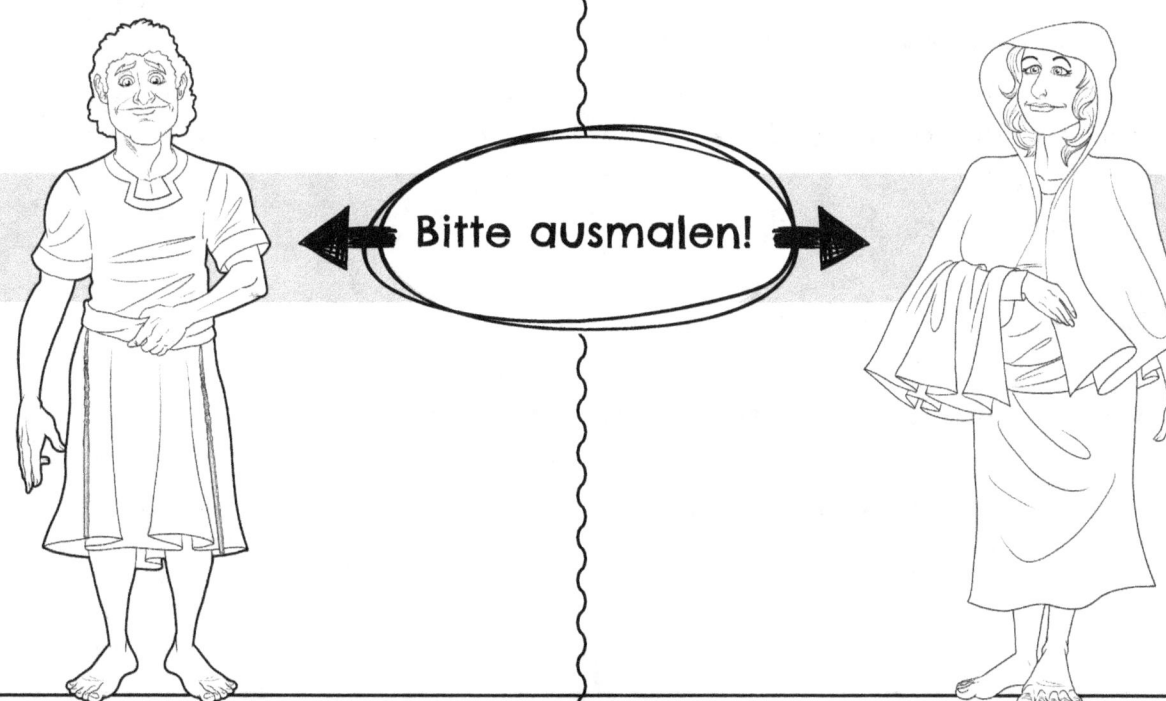

Bitte ausmalen!

Paulus in KORINTH

Lies Apostelgeschichte 18,1-17. Beantworte die folgenden Fragen.

1. Wen traf Paulus in Korinth?
2. Wo ging Paulus jeden Sabbat hin?
3. Was hat Paulus den Menschen in den Synagogen gesagt?
4. Wie reagierten die Menschen auf die Botschaft des Paulus?
5. Wessen Haus stand neben einer Synagoge?
6. Wer war der Vorsteher dieser Synagoge?
7. Was sagte Gott Paulus in einer Vision?
8. Wie lange blieb Paulus in Korinth und lehrte das Wort Gottes?
9. Was wurde Paulus vor Gericht bei Gallion vorgeworfen?
10. Wer wurde vor dem Tribunal geschlagen?

Die römische Armee

Korinth war eine der größten und wichtigsten Städte in Griechenland. Zur Zeit des Apostels Paulus war sie Teil des Römischen Reiches und hatte eine gemischte Bevölkerung aus Römern, Griechen und Juden. Das Römische Reich war mächtig, vor allem wegen seiner großen Armee. Seine Soldaten waren gut ausgebildet und trugen schwere Rüstungen. Wenn die Soldaten nicht gerade kämpften, waren sie damit beschäftigt, Festungen und Brücken zu bauen und die regionale Bevölkerung unter Kontrolle zu halten. Der Eintritt in die römische Armee war einfacher als der Austritt. Soldaten mussten 25 Jahre lang dienen, bevor sie die Armee verlassen konnten. Finde mit Hilfe des Internets oder einer Enzyklopädie etwas über das Leben eines römischen Soldaten heraus. Welche Rüstung trugen sie, wenn sie in die Schlacht zogen?

**Beschrifte die Uniform des römischen Soldaten.
Male den Soldaten aus.**

(a) Helm

(b) Rote Tunika aus Wolle

(c) Sandalen

(d) Körperpanzer

(e) Schulterplatte

(f) Zenturio Beinschützer

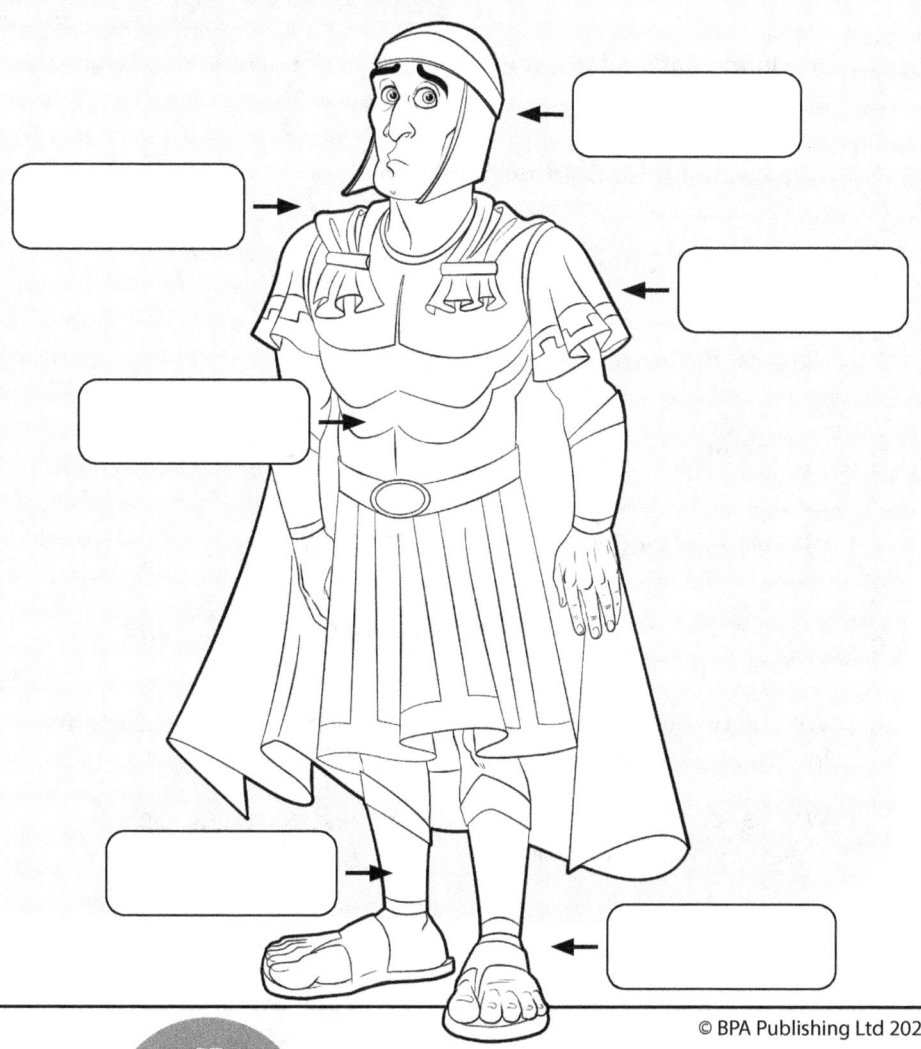

Aufruhr in EPHESUS

**Lies Apostelgeschichte 18,24-19,41.
Beantworte die folgenden Fragen.**

1. Auf wessen Namen wurden die Jünger getauft?
2. Wie lange hat Paulus das Evangelium in der Schule des Tyrannus gepredigt?
3. Wen hat der böse Geist nicht erkannt?
4. Wer war die Göttin der Epheser?
5. Was war der Beruf von Demetrius?
6. Welche Art von Statuen hat Demetrius gemacht?
7. Warum war Demetrius wütend auf Paulus?
8. Was geschah, nachdem Demetrius sich mit einer Gruppe von Silberschmieden getroffen hatte?
9. Welche beiden Freunde des Paulus wurden von den Ephesern ins Theater geschleppt?
10. Was hat der Stadtschreiber zu den Ephesern gesagt, die im Theater versammelt waren?

Die dritte Reise des Paulus

Lies Apostelgeschichte 18-21. Finde in der Liste die Orte, die der Apostel Paulus besucht hat. Zeichne seine Reise auf der Karte nach.

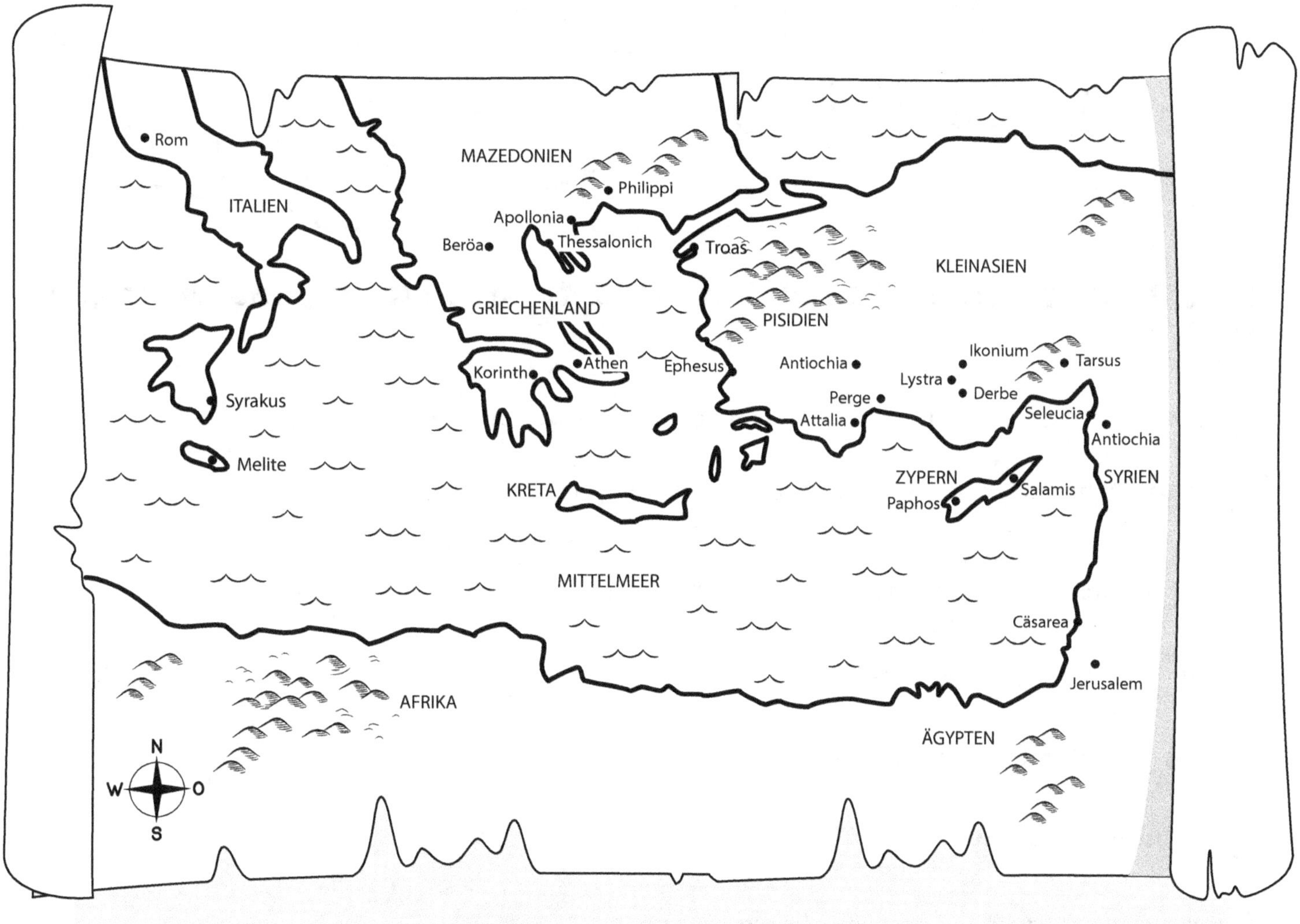

1. Antiochia
2. Tarsus
3. Lystra
4. Ephesus
5. Troas
6. Philippi
7. Thessalonich
8. Beröa
9. Korinth
10. Cäsarea

Eutychus schläft EIN

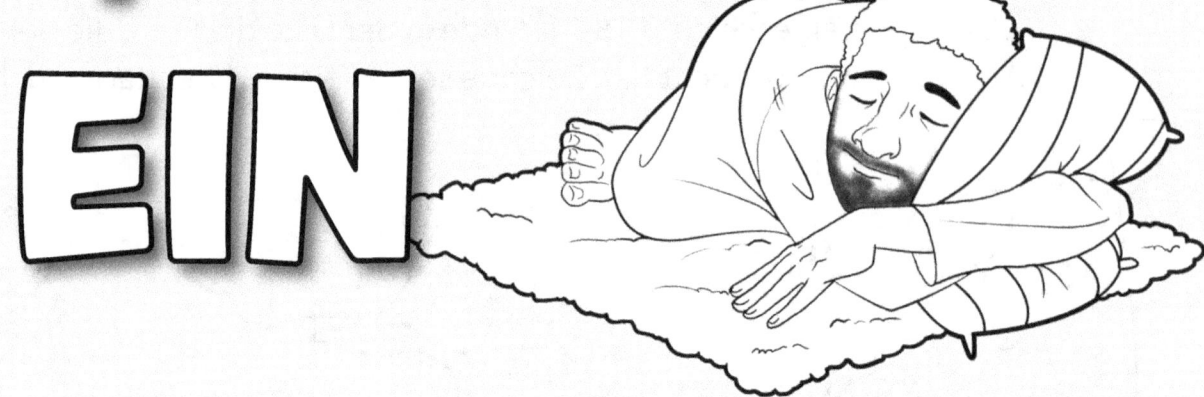

Lies Apostelgeschichte 20,1-16. Beantworte die folgenden Fragen.

1. In welcher Stadt kam Paulus nach dem Fest der ungesäuerten Brote an?

2. An welchem Wochentag brachen Paulus und eine Gruppe von Menschen das Brot?

3. Wo versammelten sich die Menschen, um Paulus lehren zu hören?

4. Wie lange hat Paulus mit dieser Gruppe gesprochen?

5. Was geschah mit Eutychus, während er Paulus zuhörte?

6. Wie ist Eutychus gestorben?

7. Wie reagierte Paulus in Apostelgeschichte 20,10?

8. Zu welchem Zeitpunkt beendete Paulus seine Rede und verließ die Gruppe?

9. Wo traf sich Paulus das nächste Mal mit seinen Reisebegleitern?

10. Warum hatte es Paulus eilig, Jerusalem zu erreichen?

Pfingsten

Lies Apostelgeschichte 20. Warum wollte Paulus schnell zurück nach Jerusalem?

....

Stelle dir vor, du bist zu Pfingsten in Jerusalem. Was würdest du denken, wenn du die Apostel in deiner eigenen Sprache sprechen hörtest?

....

Lies Apostelgeschichte 2. Was geschah mit den Aposteln an Pfingsten?

....

Wenn der Pfingsttag ein Buch wäre, würde das Cover so aussehen...

Lies Apostelgeschichte 21,1-22,30. Beantworte die folgenden Fragen.

1. Welcher Prophet warnte Paulus vor Schwierigkeiten in Jerusalem?

2. Wen besuchte Paulus, nachdem er in Jerusalem angekommen war?

3. Warum sagten die Ältesten zu Paulus, er solle die Kosten für vier Männer übernehmen, die ein Gelübde abgelegt hatten, und an ihrer Reinigungszeremonie teilnehmen?

4. An welchem Ort hat Paulus öffentlich zugestimmt, diese Dinge zu tun?

5. Was taten die Männer aus Asia, als sie Paulus im Tempel sahen?

6. Wer zerrte Paulus aus dem Tempel und versuchte, ihn zu töten?

7. Wer hat Paulus verhaftet?

8. Warum war der römische Befehlshaber überrascht, dass Paulus Griechisch sprach?

9. Was sagte Paulus den Menschen, als er in Apostelgeschichte 22 zu ihnen sprach?

10. Wie reagierten die Leute auf die Rede des Paulus?

Temple in Jerusalem

Der Tempel in Jerusalem war das Zentrum des hebräischen Lebens in biblischen Zeiten. Alles begann mit dem Bau des ersten Tempels durch König Salomo und endete mit seiner Zerstörung durch die Römer im Jahr 70 n. Chr. König Salomo baute den ersten Tempel im zehnten Jahrhundert, um die Bundeslade darin aufzubewahren, aber dieser Tempel wurde später von den Babyloniern zerstört. Sie stahlen alle wertvollen Gegenstände und verbrannten, was übrig blieb. Ein zweiter Tempel wurde zur Zeit von Nehemia gebaut und während der Herrschaft von König Herodes umfassend renoviert.

Einer der Gründe, warum Herodes den Tempelberg vergrößern ließ, war, um die vielen Pilger unterzubringen, die nach Jerusalem zu den drei Wallfahrtsfesten kamen: dem Fest der ungesäuerten Brote, dem Pfingstfest und dem Laubhüttenfest. Es dauerte zehn Jahre und 10.000 Arbeiter, nur um die Stützmauern zu bauen! Als sie fertig waren, war die Plattform so groß, dass sie Platz für vierundzwanzig Fußballfelder bot. Die Menschen hatten nur Zugang zu den Vorhöfen des Tempels und nicht zum Inneren des Tempelgebäudes. Trotzdem galt er als öffentliches Gebäude, obwohl das Innere nicht öffentlich zugänglich war. Es war der Versammlungsort des jüdischen Rates, des Sanhedrins, des höchsten Gerichts des jüdischen Gesetzes zur Zeit der römischen Herrschaft.

Warum hat Herodes den Tempel in Jerusalem renoviert?

....

Brauchte Paulus Mut, um den Tempel zu besuchen? Warum / warum nicht?

....

....

Male den Tempel aus!

Die Verschwörung GEGEN PAULUS

**Lies Apostelgeschichte 22,1-23,35.
Beantworte die folgenden Fragen.**

1. Warum brachten die Römer Paulus zu den religiösen Führern?

2. Wer war der Hohepriester?

3. Was waren einige Unterschiede zwischen den Sadduzäern und Pharisäern?

4. Welche Partei sagte, dass Paulus nichts falsch gemacht hatte?

5. Was sagte Gott zu Paulus in Apostelgeschichte 23,11?

6. Vierzig Judäer leisteten einen Schwur. Welchen?

7. Wer hatte ihren Plan, Paulus zu töten, in Apostelgeschichte 23,16 mitgehört?

8. Wie reagierten die Römer, als sie von dem Komplott erfuhren?

9. Wer war der römische Statthalter von Judäa?

10. Wo wurde Paulus in Cäsarea gefangen gehalten?

Eine Verschwörung, um Paulus zu töten

Lies Apostelgeschichte 23,12-35. Markiere die untenstehenden Orte auf der Karte. Zeichne die Reise des Paulus von Jerusalem nach Cäsarea nach. Vielleicht musst du das Internet oder einen historischen Atlas benutzen, um die Antworten zu finden!

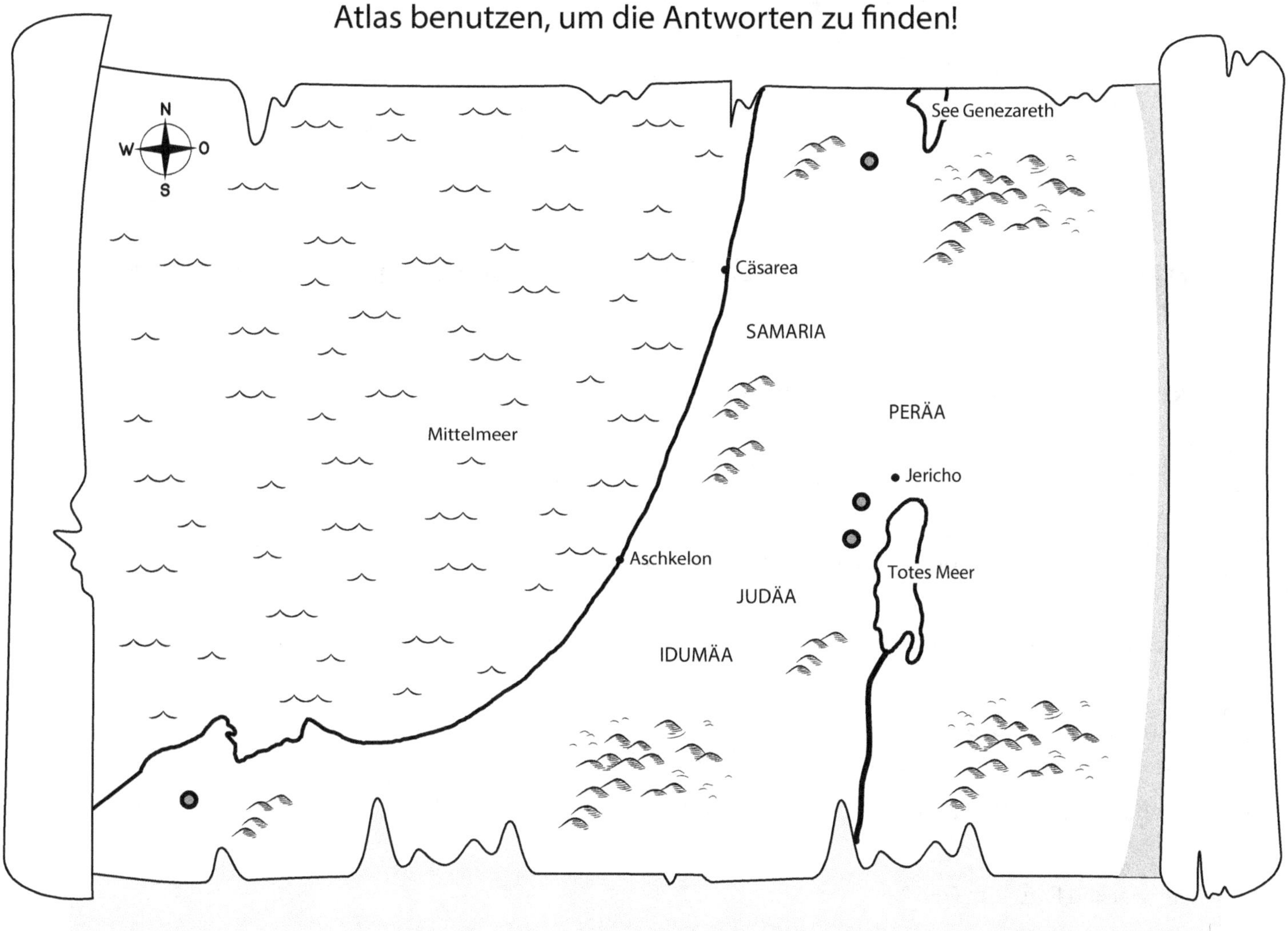

JERUSALEM   ÄGYPTEN   MASADA   NABATÄA

Paulus vor FELIX

Lies Apostelgeschichte 23,1-24,26. Beantworte die folgenden Fragen.

1. Wo, befahl Felix, sollte Paulus bewacht werden?

2. Wer hat Paulus beschuldigt, Unruhen verursacht zu haben?

3. Paulus wurde beschuldigt, der Anführer welcher Sekte zu sein?

4. Was sagte Paulus in Apostelgeschichte 24,14, dass er glaubte?

5. Wem, sagte Paulus, diene er?

6. Was hat Felix den Freunden von Paulus erlaubt?

7. Wer war die Frau von Felix?

8. Worüber sprach Paulus zu Felix in Apostelgeschichte 24,24-25?

9. Wie lange war Paulus in Cäsarea inhaftiert?

10. Wer ersetzte Felix als Statthalter von Judäa?

Wer war Paulus?

Lest Apostelgeschichte 4, 12, 15-16, 27, 29 und 2. Timotheus 4.
Vervollständigt das Arbeitsblatt unten.

Paul wurde geboren in:

....

Paulus gehörte zum Stamm:

....

Pablo era un Bürger von ....

Wer begleitete Paulus auf seinen Reisen durch Kleinasien?

....

Paulus ist am bekanntesten für:

....

....

Was hast du aus dem Leben von Paulus gelernt, das du in deinem Leben anwenden kannst?

....

....

....

....

Paulus vor KÖNIG AGRIPPA

Lies Apostelgeschichte 25,1-26,32 und Philipper 3,5. Beantworte die folgenden Fragen.

1. In welcher Stadt wurde Paulus gefangen gehalten?
2. Wen traf Paulus nach eigener Aussage auf der Straße nach Damaskus?
3. Wer hat Paulus vorgeworfen, verrückt zu sein?
4. Wie hieß die Frau von König Agrippa?
5. Wer hat Paulus die Erlaubnis gegeben, die Anhänger des Messias zu verfolgen?
6. Zu welcher religiösen Gruppe gehörte Paulus?
7. Wem durfte Paulus begegnen und seinen Fall vortragen?
8. Wer war der römische Statthalter von Judäa?
9. Als Paulus vor König Agrippa stand, womit war er festgebunden?
10. Warum sagte Paulus, dass die Judäer versuchten, ihn zu töten?

Caesaräa

Caesaräa Kurier

APOSTELGESCHICHTE 25-26   REGION JUDÄA   HERAUSGEGEBEN VON BIBLE HISTORY

Agrippa trifft Paulus

Paulus appelliert an Caesar

Sitzplätze verfügbar!

SCHIFFBRUCH!

**Lies Apostelgeschichte 25,23-27 und 27,1-28,10.
Beantworte die folgenden Fragen.**

1) Warum reiste Paulus nach Rom?

2) Über welches Meer segelte Paulus?

3) Wie hieß der Hafen, in dem das Schiff zuerst anlegte?

4) An welchem Ort wollte die Schiffsbesatzung den Winter verbringen?

5) Warum wollte Paulus nicht nach dem Fest Jom Kippur segeln?

6) Auf welcher Insel erlitt Paulus Schiffbruch?

7) Was kam auf der Insel aus dem Feuer und griff Paulus an?

8) Wie lange blieb Paulus auf der Insel?

9) Wer war der römische Hauptmann, der für Paulus zuständig war?

10) Wen hat Paulus geheilt, während er auf der Insel war?

Navigation im alten Rom

Im 1. Jahrhundert n. Chr. segelten viele römische Handelsschiffe über das Mittelmeer. Sie segelten direkt von einem Ort zum anderen oder von Hafen zu Hafen entlang der Küste und nahmen dabei neue Fracht und Passagiere auf. Die meisten Schiffe wurden durch Ruder oder durch Segel angetrieben. Segelschiffe waren mit einem Rahsegel (normalerweise ein einzelnes großes Segel) oder zwei Rahsegeln an zwei Masten ausgerüstet. Rahsegel ermöglichten es den Schiffen, kontinuierlich und mit gleichmäßiger Geschwindigkeit zu segeln.

Das Steuern dieser Handelsschiffe war nicht einfach. Ohne Kompass oder modernes GPS mussten die Seeleute über fortgeschrittene Kenntnisse der Navigation verfügen. Sie verließen sich auf die Beobachtung der Umwelt (Sonne und Sterne) und ein gutes Verständnis der Windarten und -richtungen bei verschiedenen Wetterbedingungen. Ein gängiges Ausrüstungsstück war das Senkblei, das die Seeleute in Apostelgeschichte 27,28 verwenden. „Und sie ließen das Senkblei hinunter und maßen 20 Faden. Und als sie ein wenig weitergefahren waren und es wieder hinunterließen, maßen sie 15 Faden." Mit Hilfe dieses Gewichts konnten die Seeleute die Wassertiefe abschätzen und Proben des Meeresbodens nehmen. Diese Informationen wurden verwendet, um den Kurs zu halten oder um zu wissen, wann Land in der Nähe war, auch wenn es nicht in Sichtweite war.

Lies Apostelgeschichte 27,27-32. Warum, glaubst du, haben die Seeleute ein Senkblei benutzt?

....
....
....
....
....
....
....
....
....
....
....
....

RÖMER

Lies Römer 1,1-13,14. Beantworte die folgenden Fragen.

1. Wofür hat sich Paulus NICHT geschämt?
2. Was bringt die Not (Bedrängnis) nach Römer 5 hervor?
3. Der Glaube entsteht durch das Hören von was? (Römer 10,17)
4. Wer wurde dazu bestimmt, Vater vieler Völker zu sein?
5. Was kann uns in Römer 8 von Gottes Liebe trennen?
6. Was führt uns in Römer 2 zur Umkehr?
7. Wer hat das Buch Römer geschrieben?
8. Mit welchem Baum vergleicht Paulus das Volk Israel?
9. Wie bieten wir uns Gott in Römer 12 an?
10. Wem sollen wir in Römer 13 gehorchen?

Römer

Schreibe eine kurze zusammenfassung

....
....
....
....

Heute hat mir Gott gezeigt...

....
....
....

| Hauptvers | Hauptpersonen | Hauptidee |

1. KORINTHER

Lies 1. Korinther 1,1-15,9. Beantworte die folgenden Fragen.

1. Wen hat Gott in 1. Korinther 1 zur Beschämung der Weisen erwählt?

2. Wer war das Pessach-Lamm in 1. Korinther 5?

3. Wessen Körper ist ein Tempel des Heiligen Geistes? (1. Korinther 6)

4. Wie sollen Gläubige in 1. Korinther 6 Probleme miteinander lösen?

5. Wen werden wir in der Zukunft richten? (1. Korinther 6)

6. Was „bläht" die Menschen in 1. Korinther 8 auf?

7. Wovor sollen wir in 1. Korinther 10 fliehen?

8. Was hat Gott der Gemeinde in 1. Korinther 12,27-31 gegeben?

9. Wie beschreibt Paulus die Liebe in 1. Korinther 13?

10. Warum sagte Paulus in 1. Korinther 15, er sei der geringste der Apostel?

1. Korinther

Schreibe eine kurze zusammenfassung

....
....
....
....

Heute hat mir Gott gezeigt...

....
....
....

Hauptvers | Hauptpersonen | Hauptidee

2. KORINTHER

Lies 2. Korinther 1-12. Beantworte die folgenden Fragen.

1. Wer tröstet uns in schweren Zeiten in 2. Korinther 1?

2. Warum reiste Paulus in 2. Korinther 2 nach Troas?

3. Warum verließ Paulus Troas und ging nach Mazedonien?

4. Was wird in 2. Korinther 4 jeden Tag erneuert?

5. Wo muss jeder in 2. Korinther 5 erscheinen?

6. Wer ist ein Tempel des lebendigen Gottes?

7. Was hat Gott Paulus in 2. Korinther 12 gegeben, damit er nicht eingebildet wird?

8. Wie hat Paulus Titus in 2. Korinther 8 beschrieben?

9. Welche Art von Geber liebt Gott in 1. Korinther 9?

10. Wie verkleidet sich der Satan in 2. Korinther 11?

2. Korinther

Schreibe eine kurze zusammenfassung

....
....
....
....

Heute hat mir Gott gezeigt...

....
....
....

| Hauptvers | Hauptpersonen | Hauptidee |

GALATER

Lies Galater 1,1-6,2. Beantworte die folgenden Fragen.

1. Wie hat Paulus das Evangelium empfangen?

2. Was sagte Paulus in Galater 1,14, dass er eifrig verfolgt hatte?

3. Wann wurde Paulus ausgesondert, um Gott zu dienen?

4. Wie lange hat Paulus Zeit mit Petrus verbracht?

5. Was haben Jakobus, Petrus und Johannes dem Paulus gegeben?

6. Was durchsäuert den ganzen Teig?

7. Was wird passieren, wenn wir im Geist wandeln?

8. An wen schrieb Paulus das Buch Galater?

9. Wie wird die Thora in Galater 5,14 zusammengefasst?

10. Wie vollenden wir das Gesetz Christi in Galater 6,2?

Galater

Schreibe eine kurze zusammenfassung

....
....
....
....

Heute hat mir Gott gezeigt...

....
....
....

Hauptvers   Hauptpersonen   Hauptidee

EPHESER

Lies Epheser 1-6. Beantworte die folgenden Fragen.

1. Wann wurden wir in Ihm auserwählt?

2. Was haben wir in Jeschua, dem Messias (Jesus)? (Epheser 1,7-11)

3. Was war man, bevor man an den Messias glaubte? (Epheser 2,11-12)

4. Wer ist der wichtigste Eckstein in Epheser 2?

5. Wann sollte man sich mit seinem Ärger/ Zorn auseinandersetzen? (Epheser 4,25-27)

6. Wovon sollen wir uns nach Epheser 4,31 befreien?

7. Wie sollen Ehemänner ihre Frauen lieben? (Epheser 5)

8. Welche sechs Dinge in Epheser 6 gehören zur Waffenrüstung Gottes?

9. Warum schickte Paulus Tychikus zu den Ephesern in Epheser 6?

10. Welche Anweisungen gibt Paulus den Kindern in Epheser 6?

Epheser

Schreibe eine kurze zusammenfassung

....
....
....
....

Heute hat mir Gott gezeigt...

....
....
....

| Hauptvers | Hauptpersonen | Hauptidee |

PHILIPPER

Lies Philipper 1,1-4,23. Beantworte folgende Fragen.

1. Wo war Paulus, als er diesen Brief an die Philipper schrieb?
2. Vor wem, sagte Paulus, sollen wir uns nicht fürchten? (Philipper 1)
3. Wie sollen wir unsere Rettung in Philipper 2 verwirklichen?
4. Wie erniedrigte sich Jeschua (Jesus)? (Philipper 2)
5. Wie sollen wir unser Leben leben? (Philipper 2,14)
6. Wen wollte Paulus zu den Philippern schicken? (Philipper 2)
7. Paulus kam aus welchem Stamm Israels? (Philipper 3)
8. An welchem Ort haben wir Bürgerrecht? (Philipper 3)
9. Wie machen wir Gott unsere Bitten bekannt?
10. Wer arbeitete mit Paulus und Clemens zusammen? (Philipper 4)

Philipper

Schreibe eine kurze zusammenfassung

....
....
....
....

Heute hat mir Gott gezeigt...

....
....
....

Hauptvers   Hauptpersonen   Hauptidee

KOLOSSER

Lies Kolosser 1,1-4,6. Beantworte die folgenden Fragen.

1. Wer schrieb außer Paulus noch den Brief an die Kolosser?

2. Wer ist nach Paulus das Haupt der Gemeinde? (Kolosser 1,15-18)

3. Wer hat Zeit damit verbracht, die Kolosser zu belehren? (Kolosser 1,7)

4. Was bringt alles in vollkommener Harmonie zusammen? (Kolosser 3,14)

5. Bei allem, was wir tun, in wessen Namen sollen wir es tun? (Kolosser 3,17)

6. Wie sollen sich die Frauen in Kolosser 3,18 gegenüber ihren Männern verhalten?

7. Wie sollen sich Ehemänner gegenüber ihren Frauen in Kolosser 3,19 verhalten?

8. Welche Anweisungen gibt Paulus den Kindern in Kolosser 3,20?

9. Wie sollen wir zueinander sprechen? (Kolosser 4,6)

10. Wer überbrachte den Brief des Paulus an die Kolosser?

Kolosser

Schreibe eine kurze zusammenfassung

....
....
....

Heute hat mir Gott gezeigt...

....
....
....

| Hauptvers | Hauptpersonen | Hauptidee |

1. THESSALONICHER

Lies 1. Thessalonicher 1,1-5,18. Beantworte die folgenden Fragen.

1. Wer schrieb diesen Brief an die Thessalonicher? (1. Thessalonicher 1,1)
2. Für wen war die Gemeinde in Thessalonich ein Vorbild?
3. Wo wurde Paulus auf beschämende Weise behandelt? (1. Thessalonicher 2,2)
4. Was sagte Paulus über den Willen Gottes für unser Leben in 1. Thessalonicher 4,3 und 5,18?
5. Womit verglich Paulus seine Sanftmut in 2. Thessalonicher 2,7?
6. Wer hielt Paulus davon ab, die Gemeinde in Thessalonich zu besuchen?
7. Wie beschreibt Paulus Timotheus in 1. Thessalonicher 3,2?
8. Wozu hat uns Gott in 1. Thessalonicher 4,7 aufgerufen?
9. Wie wird der Messias in 1. Thessalonicher 4,16 vom Himmel herabsteigen?
10. Wie ermutigte Paulus die Gläubigen in 1. Thessalonicher 4,11 zu leben?

1. Thessalonicher

Schreibe eine kurze zusammenfassung

....
....
....

Heute hat mir Gott gezeigt...

....
....
....

Hauptvers · Hauptpersonen · Hauptidee

2. THESSALONICHER

Lies 2. Thessalonicher 1,1-3,17. Beantworte die folgenden Fragen.

1. Wofür rühmte Paulus die Gemeinde in Thessalonich? (2. Thessalonicher 1)

2. Wie wird der Messias (Christus) vom Himmel her offenbart werden?

3. Was wird mit den Menschen geschehen, die das Evangelium nicht hören und befolgen? (2. Thessalonicher 1,9)

4. Welche zwei Dinge müssen geschehen, bevor der Messias wiederkehrt?

5. Was wird der Mensch der Gesetzlosigkeit im Tempel sitzend sagen?

6. Was wird geschehen, wenn der Mensch der Gesetzlosigkeit kommt? (2. Thessalonicher 2,9)

7. Von wem sollte man sich nach Paulus fernhalten? (2. Thessalonicher 3, 6)

8. Warum arbeitete Paulus in 2. Thessalonicher 3,8 Tag und Nacht?

9. Was war der Rat von Paulus an die Gläubigen, die faul waren?

10. Woher wussten die Thessalonicher, dass dieser Brief von Paulus geschrieben wurde? (2. Thessalonicher 3,17)

2. Thessalonicher

Schreibe eine kurze zusammenfassung

....
....
....
....

Heute hat mir Gott gezeigt...

....
....
....

| Hauptvers | Hauptpersonen | Hauptidee |

1. TIMOTHEUS

Lies 1. Timotheus 1,1-6,21. Beantworte die folgenden Fragen.

1. An wen hat Paulus diesen Brief geschrieben?

2. Wo hat Timotheus in 1. Timotheus 1,3 gepredigt?

3. Was hat Paulus in 1. Timotheus 1,8 als gut bezeichnet?

4. Was wünscht Gott in 1. Timotheus 2,4?

5. Welche Art von Charakter müssen Männer haben, um Aufseher zu sein? (1. Timotheus 3,2-3)

6. Was wird in den letzten Tagen geschehen? (1. Timotheus 4,1)

7. Was ist wohlgefällig vor Gott? (1. Timotheus 5,4)

8. Welche Besitztümer werden wir aus dieser Welt mitnehmen, wenn wir sterben? (1. Timotheus 6,7)

9. Welche Dinge hat Paulus Timotheus in 1. Timotheus 6 aufgetragen, zu verfolgen?

10. Was hat Paulus in 1. Timotheus 6 über die Liebe zum Geld gesagt?

1. Timotheus

Schreibe eine kurze zusammenfassung

....
....
....
....

> Heute hat mir Gott gezeigt...

....
....
....

Hauptvers   **Hauptpersonen**   **Hauptidee**

2. TIMOTHEUS

Lies 2. Timotheus 1,1-4,22. Beantworte die folgenden Fragen.

1. Wer ist die Mutter von Timotheus? (2. Timotheus 1,5)

2. Wo wohnt der Heilige Geist? (2. Timotheus 1,14)

3. Wer hat sich von Paulus abgewandt?

4. Wer suchte Paulus in Rom? (2. Timotheus 1,17)

5. Wie soll sich ein Diener Gottes verhalten? (2. Timotheus 2,24)

6. Wie lange hatte Timotheus die Schrift (Thora) gekannt? (2. Timotheus 3,15)

7. Wer hat die ganze Schrift eingegeben? (2. Timotheus 3,16)

8. Wozu ist die Heilige Schrift nützlich? (2. Timotheus 3,16)

9. Wovor warnt Paulus in 2. Timotheus 4,3-4?

10. An wen hat Paulus in 2. Timotheus 4,19 besondere Grüße geschickt?

2. Timotheus

Schreibe eine kurze zusammenfassung

....
....
....
....

Heute hat mir Gott gezeigt...

....
....
....

Hauptvers   **Hauptpersonen**   **Hauptidee**

TITUS

Lies Titus 1,1-3,13. Beantworte die folgenden Fragen.

1. Wie beschreibt sich Paulus selbst in Titus 1,1?

2. Wer lügt nicht? (Titus 1,2)

3. Warum hat Paulus Titus auf Kreta zurückgelassen? (Titus 1,5)

4. Welche Eigenschaften muss ein Ältester in der Gemeinde haben? (Titus 1,8-9)

5. Was ist die Rolle einer älteren Frau in Titus 2,3?

6. Was ist unsere glückselige Hoffnung? (Titus 2,13)

7. Woran sollte Titus die Gemeinde auf Kreta erinnern? (Titus 3,1-2)

8. Was sagt Paulus in Titus 3,10 über (sektiererische) Menschen, die Spaltungen verursachen?

9. Wo wollte Paulus, dass Titus ihn besucht? (Titus 3,12)

10. Welcher Titel wurde Zenas in Titus 3,13 gegeben?

Titus

Schreibe eine kurze zusammenfassung

....
....
....
....

Heute hat mir Gott gezeigt...

....
....
....

Hauptvers · Hauptpersonen · Hauptidee

PHILEMON

Lies Philemon 1,1-25 und Apostelgeschichte 27,1. Beantworte die folgenden Fragen.

1. An wen hat Paulus diesen Brief geschrieben?

2. Welches Buch der Bibel kommt nach Philemon?

3. Wo war Paulus, als er diesen Brief schrieb?

4. Warum hat Paulus diesen Brief geschrieben?

5. Wie war der Name des Sklaven?

6. Wie viele Verse enthält der Brief an Philemon?

7. Woher wissen wir, dass Paulus glaubte, er würde aus dem Gefängnis entlassen werden?

8. Wer war der andere Gefangene, der seine Grüße an Philemon schickte?

9. Welche vier Personen schickten auch Grüße an Philemon?

10. Welcher dieser vier Männer segelte mit Paulus nach Rom? (Apostelgeschichte 27,1)

Philemon

Schreibe eine kurze zusammenfassung

....
....
....
....

Heute hat mir Gott gezeigt...

....
....
....

Hauptvers   Hauptpersonen   Hauptidee

Extra karten

Die zweite Reise des Paulus

Lies Apostelgeschichte 15-18. Suche in der Liste unten die Orte, die der Apostel Paulus besucht hat. Zeichne seine Reise auf der Karte nach.

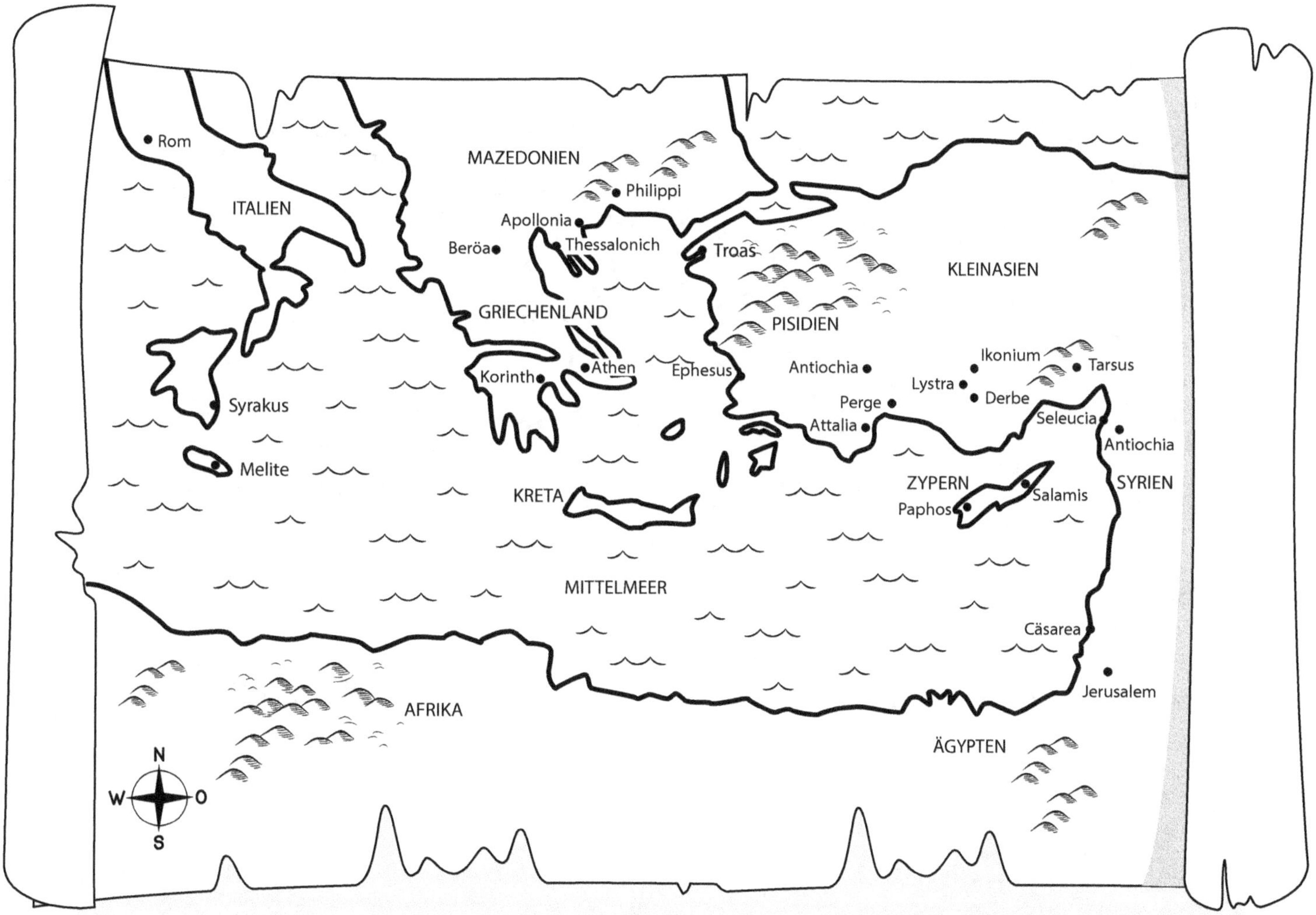

1. Jerusalem
2. Antiochia
3. Tarsus
4. Ikonium
5. Troas
6. Philippi
7. Apollonia
8. Athen
9. Korinth
10. Ephesus

Die Reise des Paulus nach Rom

Lies Apostelgeschichte 27-28. Finde in der Liste unten die Orte, die der Apostel Paulus besucht hat. Zeichne seine Reise auf der Karte nach

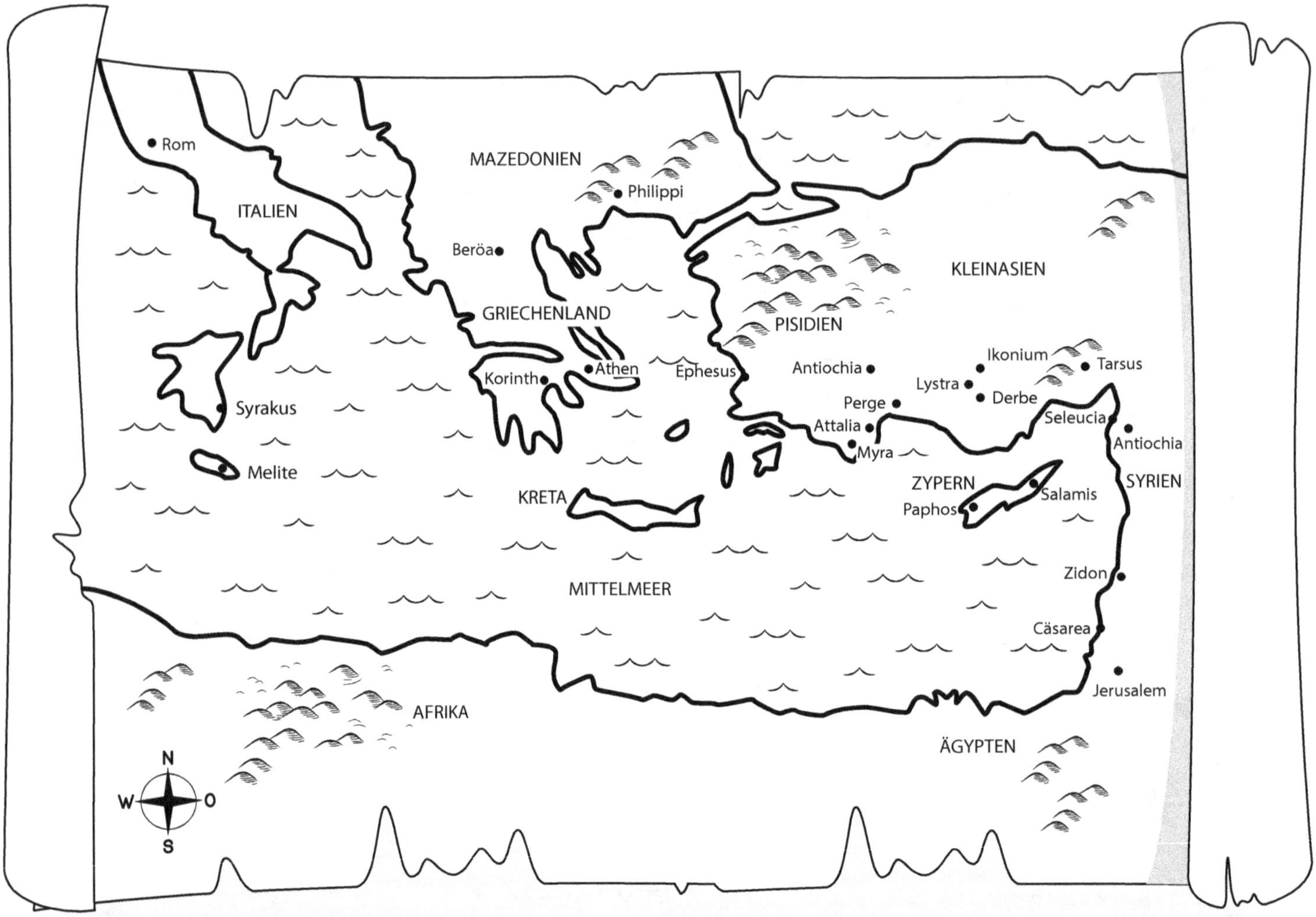

1. Jerusalem
2. Cäsarea
3. Zidon
4. Myra
5. Kreta
6. Melite
7. Syrakus
8. Rom

Meine Bibelnotizen

Zeichne ein Bild vom Schiffbruch des Paulus.

Erstelle eine Liste von den Orten, die Paulus besucht hat.

Lösungen

Weg nach Damaskus
1. Tarsus
2. Paulus (Saulus)
3. Um die Jünger von Jeschua (Jesus) zu finden und zu verhaften
4. Der Hohepriester
5. Ein Licht vom Himmel
6. Jeschua (Jesus)
7. 3 Tage
8. Ananias
9. Jeschua (Jesus) ist der Messias
10. In einem Korb die Stadtmauer hinunter

Flucht aus Damaskus
1. Um die Anhänger Jeschuas zu verhaften und sie nach Jerusalem zurückzubringen
2. Er erzählte den Menschen in den Synagogen über Jeschua (Jesus)
3. Weil Saulus die Gläubigen an Jeschua (Jesus) verfolgte
4. Mit den Jüngern
5. Weil Saulus lehrte, dass Jeschua der Messias war
6. Die Stadttore
7. Ja
8. Seine Jünger versteckten ihn in einem Korb und ließen an der Stadtmauer herunter
9. Nachts
10. Paulus

Paulus & Barnabas auf Zypern
1. Vom Heiligen Geist (ruach ha-kodesh)
2. Seleucia
3. Das Alte Testament (Tanach)
4. In den Synagogen
5. Johannes
6. Bar-Jesus (Elymus)
7. Sergius Paulus
8. Er wollte das Wort Gottes hören
9. Erfüllt vom Heiligen Geist, belegte Paulus den falschen Propheten mit einem Fluch
10. Er wurde blind

Arbeitsblatt: Die Insel Zypern
Mögliche Antworten: Zypern ist eine Insel im Mittelmeer, die Insel war Teil vieler antiker Zivilisationen, zur Zeit des Besuchs von Paulus und Barnabas wurde Zypern von Sergius Paulus, dem römischen Statthalter, regiert, Zypern wurde 1925 eine offizielle britische Kolonie, seit den 1970er Jahren ist Zypern zweigeteilt - eine Seite der Insel wird von der Regierung und die andere von den türkischen Zyprioten kontrolliert, die Staatsflagge zeigt die Form der Insel, darunter zwei Olivenzweige (ein Symbol für den Frieden zwischen den beiden Gemeinschaften der Insel) auf Weiß (ein weiteres Symbol für den Frieden), auf Zypern leben über eine Million Menschen.

Paulus in Antiochia in Pisidien
1. Johannes
2. Am Sabbattag (Samstag)
3. Die Thora (das Gesetz und die Propheten)
4. Ihr israelitischen Männer, und die ihr Gott fürchtet
5. Jeschua (Jesus)
6. Sie wollten am nächsten Sabbattag mehr über Jeschua hören
7. Weil sich große Menschenmengen versammelten, um die Botschaft des Paulus zu hören
8. Den Heiden/ Nichtjuden, den verlorenen Schafen des Hauses Israel
9. Sie schürten die Verfolgung von Paulus und Barnabas
10. Ikonium

Paulus & Barnabas besuchen Lystra
1. Seit seiner Geburt
2. „Steh aufrecht auf deine Füße."
3. Er sprang auf und ging umher
4. Hermes
5. Zeus
6. Am Eingang zur Stadt
7. Sie zerrissen ihre Kleider und versuchten, der Menge von Jah (Gott) zu erzählen
8. Juden aus Antiochia und Ikonium
9. Paulus stand auf und ging zurück in die Stadt
10. Derbe

Barnabas
1. Einen Acker
2. Sohn des Trostes
3. Zypern
4. Levi
5. Falsche Götter (Zeus und Hermes)
6. Barnabas wollte Johannes (der auch Markus genannt wird) mit auf die Reise nehmen, Paulus aber nicht
7. Sie waren Vetter
8. Antiochia
9. Ikonium
10. Männer aus Judäa, die lehrten, dass man beschnitten sein muss, um gerettet zu werden

Bibel-Wortsuchrätsel: Barnabas

Lydia von Thyatira
1. Thyatira
2. Purpurhändlerin
3. Philippi
4. Silas und Timotheus
5. Am Sabbat
6. Sie wurde getauft
7. Er trieb einer Magd Dämonen aus, die ihren Herren durch Wahrsagen Gewinn einbrachte
8. Lydia
9. Eine römische Kolonie
10. Das Buch der Apostelgeschichte

Arbeitsblatt: Der Purpurhandel
1. Zur Zeit des Paulus war Thyatira berühmt für seine Färbereien
2. Die Herstellung von violettem Farbstoff dauerte sehr lange. Eine Schneckendrüse sonderte einen Tropfen Flüssigkeit ab, also brauchte man normalerweise etwa 10.000 Schnecken, um eine kleine Menge Farbstoff herzustellen

Paulus und die Magd
1. Am Sabbat
2. Durch Wahrsagen
3. Einen Wahrsagegeist
4. „Ich gebiete dir in dem Namen Jesu Christi (Jeschua), von ihr auszufahren!"
5. Die Magd konnte kein Geld mehr mit Wahrsagen verdienen - der Geist der Wahrsagerei war verschwunden
6. Auf den Marktplatz
7. Vor die Obersten der Stadt
8. Sie würden Unruhe stiften und für Römer unerlaubte Gebräuche verkünden
9. Philippi
10. Eine römische Kolonie

Arbeitsblatt: Das Römische Reich
1. Afrika, Asien, Europa
2. Portugal, England, Spanien, Italien, Frankreich, Schweiz, Ägypten, Israel, Türkei, Syrien, Griechenland, Spanien, Belgien

Paulus & Silas im Gefängnis
1. Philippi
2. Sie wurden in den Stock geschlossen (ein schweres Holzgestell)
3. Sie beteten und lobten Jah (Gott) mit Gesang
4. Ein Erdbeben
5. Er dachte, die Gefangenen seien geflohen
6. Um ihre Wunden zu waschen und das Wort Gottes zu hören
7. Weil sie nun an Gott glaubten
8. Sie erfuhren, dass Paulus ein römischer Bürger war
9. Sie entschuldigten sich bei Paulus und baten ihn, die Stadt zu verlassen
10. Lydia

Paulus in Thessalonich
1. Amphipolis und Apollonia
2. Eine Synagoge der Juden
3. Jeschua (Jesus)
4. Drei Sabbate
5. Das Alte Testament
6. Sie bildeten eine Menschenmenge, brachten die Stadt in Aufruhr und griffen das Haus von Jason an
7. Jason und etliche Brüder
8. Das römische Gesetz zu brechen und den Menschen zu sagen, dass es einen anderen König namens Jeschua (Jesus) gibt
9. Sie verlangten von Jason und dem Rest der Gruppe Geld, um zu garantieren, dass es keinen weiteren Ärger geben würde
10. Griechenland

Paulus & die Beröer
1. Silas
2. Griechenland
3. Er ging in eine Synagoge
4. Die Beröer waren aufgeschlossener als die Thessalonicher
5. Das Alte Testament
6. Um zu prüfen, ob die Lehren des Paulus richtig waren
7. Sie reisten nach Beröa und stachelten die Volksmenge auf
8. Ans Meer
9. Silas und Timotheus
10. Athen

Timotheus
1. Griechisch
2. Lystra
3. Großmutter
4. Silvanus
5. Athen
6. Timotheus
7. Paulus
8. Eunike
9. Apostelgeschichte 16
10. Um der Juden willen

Paulus besucht Athen
1. Die Stadt war voll von Götzenbildern
2. Auf den Marktplatz
3. Einige der epikureischen und stoischen Philosophen
4. Zu einer Versammlung von Gelehrten auf den Aeropag
5. Die ganze Welt und alles in ihr
6. Dem unbekannten Gott
7. Gott
8. Jeschua (Jesus)
9. Einige Leute lachten, andere wollten mehr hören
10. Dionysius

Priscilla & Aquila
1. Zeltmacher
2. Claudius befahl allen Juden, Rom zu verlassen
3. Ephesus
4. Apollos
5. Korinth
6. In einer Synagoge
7. Altes Testament (Tanach)
8. Versammelten Menschen in ihrem Haus
9. Ihr Leben für ihn riskiert
10. Jeschua (Jesus)

Paulus in Korinth
1. Priscilla und Aquila
2. Zur Synagoge
3. Jeschua ist der Messias
4. Sie waren mit Paulus nicht einverstanden und fingen an, ihn zu beleidigen
5. Justus
6. Krispus
7. „Fürchte dich nicht, sondern rede und schweige nicht! Denn ich bin mit dir, und niemand soll sich unterstehen, dir zu schaden."
8. Etwa achtzehn Monate (1½ Jahre)
9. Die Menschen zu einem gesetzeswidrigen Gottesdient zu überreden
10. Sosthenes, der Vorsteher der Synagoge

Aufruhr in Ephesus
1. Jeschua HaMashiach (Jesus Christus)
2. Zwei Jahre
3. Sieben Söhne eines jüdischen Hohepriesters namens Skevas
4. Artemis (Diana)
5. Silberschmied
6. Silberne Modelle, die wie der Tempel der Göttin Artemis (Diana) aussahen
7. a) Paulus hatte die Menschen dazu gebracht, keine falschen Götter mehr anzubeten, sondern nur Gott, den einen wahren Gott, und b) das Handwerk der Silberschmiede könnte in Verruf kommen
8. Die Stadt kam in Verwirrung
9. Gajus und Aristarchus
10. Tut nichts Dummes. Diese Männer haben nicht gegen Artemis (Diana) gesprochen. Diskutiert diese Angelegenheit vor Gericht. Geht nach Hause.

Eutychus schläft ein
1. Troas
2. Am ersten Tag der Woche
3. In einem oberen Raum
4. Bis nach Mitternacht
5. Er fiel in einen tiefen Schlaf
6. Er fiel aus einem Fenster im dritten Stock
7. Paulus nahm Eutychus in seine Arme und sagte: „Macht keinen Lärm; denn seine Seele ist in ihm!"
8. Bei Tagesanbruch
9. In Assus
10. Er wollte an Pfingsten (Schavuot) in Jerusalem sein, wie in Apostelgeschichte 20,16 erwähnt

Paulus besucht den Tempel
1. Agabus
2. Jakobus und die Ältesten
3. Paulus sollte diese beiden Dinge zu tun, um zu beweisen, dass er sich immer noch an die Thora hielt (viele Leute hatten falsche Berichte gehört, dass er Gläubige lehrte, die Thora nicht zu befolgen oder ihre Söhne zu beschneiden)
4. Im Tempel
5. Sie ergriffen Paulus und beschuldigten ihn, gegen die Thora zu lehren
6. Religiöse Menschen in Jerusalem
7. Ein römischer Befehlshaber
8. Paulus sah aus wie ein Ägypter, der einen Aufruhr gegen die Regierung erregt hatte
9. Er erzählte von seiner Ausbildung in der Thora (Gesetz), der Begegnung mit Jeschua auf der Straße nach Damaskus und seiner Mission, das Evangelium mit Menschen in anderen Ländern zu teilen.
10. Sie forderten den Tod des Paulus, warfen ihre Kleider ab und schleuderten Staub in die Luft

Arbeitsblatt: Tempel in Jerusalem
1. Ein Grund, warum Herodes den Tempelberg vergrößerte, war, um die große Anzahl von Pilgern unterzubringen, die zum Fest der ungesäuerten Brote, zu Pfingsten (Schawuot) und zum Laubhüttenfest (Sukkot) nach Jerusalem kamen
2. Fordere die Kinder auf, diese Frage zu beantworten. Die Antworten können unterschiedlich ausfallen

Die Verschwörung gegen Paulus
1. Die Römer wollten wissen, warum Paulus von den Judäern angeklagt wurde
2. Ananias
3. Die Sadduzäer glaubten nicht an die Auferstehung, Engel, Geist, aber die Pharisäer glaubten all diese Dinge.
4. Die Pharisäer
5. „Sei getrost, Paulus! Denn wie du in Jerusalem von mir Zeugnis abgelegt hast, so sollst du auch in Rom Zeugnis ablegen."
6. Nicht zu essen und zu trinken, bis sie Paulus getötet hatten
7. Der Neffe von Paulus
8. Sie organisierten 200 Soldaten, 200 Lanzenträger und 70 Reiter, die Paulus nach Cäsarea bringen sollten
9. Felix
10. Im Prätorium des Herodes

Paulus vor Felix
1. Im Prätorium des Herodes
2. Der Hohepriester Ananias und eine Gruppe von Ältesten
3. Die Sekte der Nazarener
4. Er glaubte alles, was in der Thora (Gesetz) und den Propheten geschrieben stand
5. Dem Gott der Väter (der Gott Abrahams, Isaaks und Jakobs)
6. Sich um Paulus zu kümmern
7. Drusilla
8. Paulus sprach über seinen Glauben an Jeschua, den Messias, über Gerechtigkeit, Enthaltsamkeit und das kommende Gericht
9. Zwei Jahre
10. Porcius Festus

Paulus vor König Agrippa
1. Cäsarea
2. Den Messias Jeschua (Jesus)
3. Festus
4. Bernice
5. Die Hohenpriester in Jerusalem
6. Pharisäer
7. Cäsar (Kaiser)
8. Felix
9. Fesseln
10. Weil er ihnen sagte, sie sollten Buße tun und zu Gottes Wegen zurückkehren

Schiffbruch!
1. Um den römischen Kaiser (Cäsar) zu treffen und seine Sache zu vertreten
2. Das Mittelmeer
3. Zidon
4. Phönix
5. Schlechtes Wetter (weil es so auf den Winter zuging und die See dann stürmischer ist)
6. Melite
7. Eine Otter (Schlange)
8. Drei Monate
9. Julius
10. Den Vater von Publius

Arbeitsblatt zum Verständnis: Navigation im alten Rom
Die Seeleute benutzten ein Senkblei, um die Wassertiefe abzuschätzen und zu berechnen, ob Land in der Nähe war

Römer
1. Das Evangelium
2. Standhaftigkeit, Charakterstärke und Hoffnung
3. Das Hören von Gottes Wort
4. Abraham
5. Nichts
6. Die Güte Gottes
7. Paulus
8. Ölbaum
9. Als lebendiges Opfer
10. Der Obrigkeit

1. Korinther
1. Die törichten
2. Jeschua (Jesus)
3. Unser Körper, und Gottes Geist wohnt in uns
4. Unter sich
5. Engel
6. Die Erkenntnis
7. Götzendienst
8. Apostel, Propheten, Wunderkräfte, Gnadengaben der Heilungen, Hilfeleistung, Leitung, verschiedene Sprachen
9. Als langmütig und gütig, die Liebe beneidet nicht, die Liebe prahlt nicht, sie bläht sich nicht auf; sie ist nicht unanständig, sie sucht nicht das Ihre, sie lässt sich nicht erbittern, sie rechnet das Böse nicht zu; sie freut sich nicht an der Ungerechtigkeit, sie freut sich aber an der Wahrheit; sie erträgt alles, sie glaubt alles, sie hofft alles, sie erduldet alles
10. Weil er die Gemeinde Gottes verfolgt hatte

2. Korinther
1. Gott
2. Um die Menschen über den Messias zu lehren
3. Weil Paulus Titus in Troas nicht finden konnte

4. Unser inneres Selbst
5. Vor dem Richterstuhl Christi
6. Die an den Messias glauben
7. Ein Dorn im Auge/ Ein Pfahl für´s Fleisch (ein Leiden)
8. Gefährte und Mitarbeiter
9. Den fröhlichen Geber
10. Als ein Engel des Lichts

Galater
1. Durch eine Offenbarung von Jeschua, dem Messias
2. Die Traditionen der Väter
3. Bevor er geboren wurde
4. Fünfzehn Tage
5. Die Hand der Gemeinschaft
6. Ein wenig Sauerteig
7. Wir werden die Lust des Fleisches nicht vollbringen
8. An die Galater
9. Liebe deinen Nächsten wie dich selbst
10. Indem wir die Lasten des anderen tragen

Epheser
1. Vor der Grundlegung der Welt
2. Die Vergebung der Sünden und ein Erbe
3. Ausgeschlossen von der Bürgerschaft Israels
4. Jeschua, der Messias
5. Bevor die Sonne untergeht
6. Bitterkeit, Wut, Zorn, Geschrei, Lästerung und Bosheit
7. Wie ihren eigenen Leib, und wie Jeschua (Jesus) die Gemeinde liebte
8. Gürtel der Wahrheit, Brustpanzer der Gerechtigkeit, Stiefel des Friedens, Schild des Vertrauens, Helm des Heils und das Schwert des Geistes, welches das Wort Gottes ist
9. Um die Menschen zu trösten und ihnen die Neuigkeiten von Paulus zu erzählen
10. Ihren Eltern zu gehorchen

Philipper
1. Im Gefängnis (Philipper 1,14)
2. Vor den Widersachern, weil sie von Gott kommen und ein Zeichen der Errettung sind
3. Mit Furcht und Zittern
4. Er wurde gehorsam bis zum Tod
5. Ohne Murren und Bedenken
6. Timotheus
7. Benjamin
8. Im Himmel
9. Mit Gebet, Flehen und Danksagung
10. Syntyche

Kolosser
1. Timotheus
2. Jeschua (Jesus)
3. Epaphras
4. Liebe
5. Im Namen Jeschuas, und wir sollen Gott, durch ihn danken
6. Sie sollen sich ihren Ehemännern unterordnen
7. Ihre Frauen lieben und nicht bitter gegen sie sein
8. Gehorcht euren Eltern in allem, denn das gefällt Gott
9. Allzeit in Gnade
10. Tychikus und Onesimus

1. Thessalonicher
1. Paulus, Silvanus, und Timotheus
2. Mazedonien und Achaja
3. Philippi
4. Sich der Unzucht enthalten und unter allen Umständen danken
5. Mit einer Mutter, die sich liebevoll um ihr eigenes Kind kümmert
6. Der Satan
7. Ein Mitarbeiter am Evangelium von dem Messias Jeschua (Jesus)
8. Zur Heiligung
9. Die Stimme eines Erzengels und die Posaune Gottes wird erschallen
10. Lebe still, kümmere dich um deine eigenen Angelegenheiten und arbeite mit deinen Händen, damit du vor Außenstehenden ordentlich wandelst und von niemandem abhängig bist

2. Thessalonicher
1. Beharrlichkeit und Glaubenstreue während sie durch schwere Zeiten gehen
2. Mit seinen mächtigen Engeln, in flammendem Feuer
3. Ewiges Verderben
4. Es muss zuerst der Abfall kommen und der Mensch der Sünde geoffenbart werden
5. Dass er selbst Gott ist
6. Satan wird ihm Macht geben, alle Arten von falschen Wundern und Zeichen zu vollbringen
7. Vor Gläubigen, die faul (müßig) sind und ein Leben führen, das nicht das widerspiegelt, was Paulus sie gelehrt hat (die Heilige Schrift)
8. Er wollte keine Last für die Thessalonicher und ein Vorbild für sie sein
9. Zur Arbeit gehen und ihren Lebensunterhalt verdienen
10. Seine Handschrift

1. Timotheus
1. Timotheus
2. Ephesus
3. Das Gesetz (Thora) bei richtiger Anwendung
4. Er wünscht, dass alle Menschen gerettet werden und zur Erkenntnis der Wahrheit kommen
5. Nur eine Frau, nüchtern gesinnt, besonnen, anständig, gastfreundlich, fähig zu lehren, kein Trunkenbold, nicht streitsüchtig oder geldliebend, und muss seinen eigenen Haushalt gut führen

6. Etliche werden vom Glauben abfallen und sich irreführenden Geistern und Lehren der Dämonen zuwenden
7. Kinder und Enkelkinder, die sich um ihre Eltern kümmern
8. Nichts
9. Nach Gerechtigkeit, Gottesfurcht, Glauben, Liebe, Geduld und Sanftmut streben
10. Geldgier ist eine Wurzel alles Bösen

2. Timotheus
1. Eunice
2. Der Heilige Geist wohnt in uns
3. Phygellus, Hermogenes und Alexander
4. Onesiphorus
5. Nicht streiten, sondern milde sein gegen jedermann, fähig zu lehren, geduldig im Ertragen von Bosheiten
6. Seit der Kindheit
7. Gott
8. Zur Belehrung, zur Überführung, zur Zurechtweisung, zur Erziehung in der Gerechtigkeit
9. Es wird eine Zeit kommen, in der die Menschen nicht auf die gesunde Lehre hören, sondern Lehrer finden werden, die ihren eigenen Leidenschaften entsprechen, und sich vom Hören auf die Wahrheit abwenden und auf Mythen/ Legenden hören werden.
10. Priscilla, Aquila und das Haus des Onesiphorus

Titus
1. Ein Diener/ Knecht Gottes und ein Apostel von Jeschua, dem Messias
2. Gott
3. Um die Dinge in Ordnung zu bringen und in jeder Stadt Älteste zu ernennen
4. Gastfreundlich, das Gute liebend, besonnen, gerecht, heilig, beherrscht und fähig, die Schrift zu verstehen, so dass er gesunde Lehre lehren und Leute korrigieren kann, die anderer Meinung sind
5. Lehre, was gut ist, erziehe junge Frauen, ihre Männer und Kinder zu lieben, selbstbeherrscht, rein, häuslich arbeitend, gütig und dem eigenen Manne untertan zu sein
6. Die Erscheinung der Herrlichkeit Gottes und unseres Erlösers, Jeschua, des Messias
7. Dass sie sich den Regierenden und Obrigkeiten unterordnen und gehorsam sind, zu jedem guten Werk bereit, dass sie niemand verlästern, nicht streitsüchtig sind, sondern gütig, indem sie allen Menschen gegenüber alle Sanftmut erweisen
8. Weise sie nach zweimaliger Zurechtweisung ab
9. Nikopolis
10. Schriftgelehrter (Thora-Lehrer)

Philemon
1. Philemon, Apphia, Archippus, und die Gemeinde in ihrem Haus
2. Hebräer
3. Im Gefängnis
4. Um Philemon zu sagen, dass er einen Sklaven zu ihm zurückschicken würde
5. Onesimus
6. 25 Verse
7. Paulus bat Philemon, ihm eine Herberge zu bereiten
8. Epaphras
9. Markus, Aristarchus, Demas und Lukas
10. Lukas

Weitere Übungsbücher entdecken!

Zu erwerben unter www.biblepathwayadventures.com

SOFORT DOWNLOADS!

Die Reisen des Paulus - Übungsbuch	Bereschit / 1. Mose
Lieblingsgeschichten aus der Bibel – Übungsbuch	Schemot / 2. Mose
Hebräisch lernen: Das Alphabet	Wajikra / 3. Mose
Der Sabbat Übungsbuch	Bemidbar / 4. Mose